JN438535

마음 밭에 뛰노는 빗소리

마음 밭에 뛰노는 빗소리

양정숙 수필집

신아출판사

머리말

거스르지 않고 묵묵히 흐르는 물처럼 스미고 싶은 간절한 시간이 있었다.

어느 날 낯선 곳에 서 있는 전혀 다른 또 하나의 나 자신과 마주했을 때 알 수 없는 피멍 같은 울림이 화두로 자라고 있었다. 그리고 그리움처럼 다가온 문학을 만났다.

영어권에서 모국어로 글을 쓴다는 것은 때론 난해한 시 만큼이나 혼돈에 가까웠다. 아직도 내 글에는 쌉싸름한 통증 같은 허기가 나를 재촉한다.

스미고 싶으면 스스로 물이 되라 하시며 문학의 길로 디딤돌을 놓아주신 김윤태 시인께 감사함을 전한다.

겸허한 마음으로 올바른 가치관을 지니고 삶의 이야기를 승화시켜 나갈 수 있는 좋은 수필가가 되도록 스스로에게 다짐해 본다.

2014년 10월

뉴욕에서 양정숙

목차

머리말

1. 카디날 새

카디날 새 • 012
뒤뜰 소나무 • 015
초심 • 018
새 식구 • 022
플래너리 • 026
해바라기 • 030
중대백로 • 034
눈 씻고 보면 • 038
술 • 041

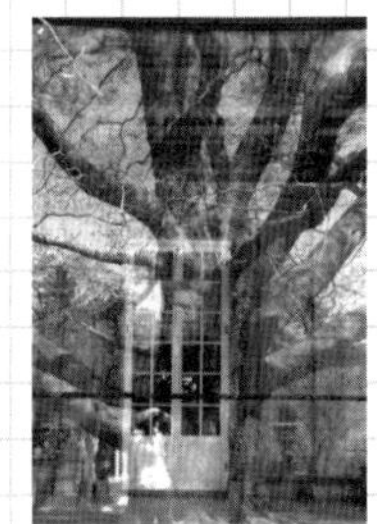

2. 마음 밭에 뛰노는 빗소리

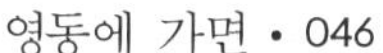

영동에 가면 • 046
홍시 • 050
감나무가 있는 고향 집 • 053
아버지의 향기 • 057
마음 밭에 뛰노는 빗소리 • 060
외할머니의 고수레 • 064
만삭의 몸으로 여는 계절 • 068
어죽 • 071
맛깔스런 음식 • 075
아버지의 갈대발 • 079
억새와 노인 • 080

3. 바위에게 길을 묻다

부유하는 마음 • 086
금동반가사유상 • 091
바위에게 길을 묻다 • 094
타다 남은 초 • 100
명상 중인 돌부처 • 103
피고 지는 꽃처럼 • 107
플라타너스 • 111

유구무언 • 115
신수천심神手天心 • 119
꿈 • 123
선몽 • 127
논픽션 같은 꿈 1 • 130
논픽션 같은 꿈 2 • 132

4. 오픈 하우스

생일 케이크에 꽂은 나이 • 136
호연 김주상 • 141
낯선 곳에서의 시작 • 145
노란 머리 아들 • 148
오픈 하우스 • 152
윤달 • 156
옥천암 • 159
모모와 콘지 • 161
소낙비 • 165
가슴으로 울리는 북소리 • 169

5. 영에게 이명을 고하며

우화羽化를 꿈꾸는 문간방 비둘기 • 174
대상포진 • 178
영零에게 이명을 고하며 • 182
오십견에게 말을 걸다 • 186
우담화의 뒤를 이은 황금돼지 • 189
나의 분신들 • 192
꿈속의 견공 • 196
세미터리 • 200
울음소리 그치고 • 203

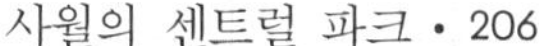

6. 보고 싶을 땐 한 알

사월의 센트럴 파크 • 206
천년 숨결이 담긴 경주PEN대회 • 211
폭설 • 218
보고 싶을 땐 한 알 • 222
차 한 잔의 미덕 • 228
라마(llama) • 231
오금뜨개(친구) • 235
서커스 KOOZA • 237

평론 관조적 세계관, 우화등선의 글쓰기 • 240
_ 김종희(문학평론가, 경희대 교수)

1

카디날 새

카디날 새

꿈결에 실려 오는 듯한 달콤한 새 울음소리에 잠을 깼다.

"휘—익, 휘—익", 맑은 휘파람 같은 소리에 이어 장난기 깃든 연인들의 입맞춤 같은 "쪽쪽쪽쪽, 쪽쪽쪽쪽" 하는 명징한 소리가 방안 가득 아침 햇살처럼 퍼져온다. 이른 아침 뒤뜰에서 짝을 부르는 수컷 카디날의 멋진 구애 소리에 어디선가 지체 없이 화답을 하는 암컷 카디날의 울음소리가 감미롭게 들려온다. "휘—익, 휘—익, 쪽쪽쪽쪽, 쪽쪽쪽쪽," 휘파람 소리는 언제 들어도 설렘과 함께 달콤한 부름의 소리처럼 들린다. 휘파람 소리가 나면 살짝 문 밖으로 나오라고 약속을 하던 여학교 단짝 친구 경옥이가 떠올라 피식 나도 모르게 입가에 미소가 흐른다.

몇 해 전, 눈이 많이 내리던 겨울 아침이었다. 뒤뜰 소나무 가지마다 밤새 내린 눈이 소복이 쌓인 가지 틈새로 빨간 새 한 마리가 포르릉 날아와 은빛 화선지에 붉은 선을 긋고 시처럼 앉았다 떠났다. 선혈처럼 붉은 수컷 카디날의 몸짓 하나하나가 시적 은유처럼 풍겨오던 그날 아침의 설렘은 오랫동안 남몰래 가슴에 묻어둔 연인처럼 한동안 마음에 깊이 자리하고 있었다. 예쁜 외모와 고운 음색을 지닌 카디날은 버지니아 주의 상징 조류이기도 하다. 뾰족한 관우冠羽를 머리에 지니고, 턱과 눈 주변엔 검은 가면을 쓴 것 같은 붉은 카디날의 앙증맞은 모습은 때와 장소를 불문하고 어디서고 한 폭의 시선 고운 풍경화로 자리한다.

거실 테라스 문을 열고 밖을 내다본다. 차갑고 상쾌한 3월의 아침 공기가 민얼굴에 찰싹 달라붙는다. 파릇파릇 잎새 트이는 소리가 들릴 것 같은 적막한 나뭇가지 위로 홍시처럼 매달린 카디날 한 쌍을 발견했다. 짝을 찾는 울음소리에 즉시 화답을 보내오는 이들의 화통한 성격에 비하면, 피멍이 들도록 간곡히 애원을 해도 뒤돌아보지 않는 인간의 무심한 사랑 놀음이 얼마나 부질없는 일이

겠는가. 죽어서 새가 된다면 붉은 수컷 카디날로 태어나고 싶다. 힘찬 휘파람 소리로 고운 친구들을 불러내고, 때론 애잔한 울음소리로 오랜 세월 잊고 지낸 임의 창가로도 잠시 날아들어 붉디붉은 지난 이야기들을 티 없이 토해내리라.

뒤뜰 소나무

나의 집 거실 양쪽 벽면엔 수채화 세 점과 수묵화 한 점이 걸려 있다. 저마다 독특한 개성만큼이나 각기 다른 프레임 속에 자존감을 들여놓고 화가의 영감으로 빚어진 자신들의 비밀스런 이야기를 은밀히 속삭이기라도 하듯, 액자 속의 정령들이 가끔씩 내게 말을 걸어온다.

서창으로 나 있는 베란다 가까이엔 장방형 액자에 담긴 소석 안문훈 작가의 대형 산수화 한 점이 걸려 있다. 20년 전 지인이 뉴욕에 다녀가면서 몇 점밖에 없다는 귀한 작품을 구입하여 내게 선물하고 갔다. 아마도 불우이웃을 위한 자선전에서 구입했지 싶다. 예부터 중국 화가들이 즐겨 그렸다는 황산 계림이 이만할까!

애지중지하며 오랜 시간 함께한 수묵화 속엔 종적 없이 흐르는 구름과 함께 높은 산봉우리마다 귀골 같은 기품을 지닌 소나무들이 솟아 있고, 치솟은 바위 틈새로 낙하되는 하얀 폭포 사이로 네 마리의 학이 저마다 멋지게 비상하고 있다.

그림 좌측 하단엔, 소나무들로 에워싼 남성의 심볼 같은 모습으로 서 있는 바위 하나가 포효하듯 우뚝 솟아 있다. 언제부터였을까, 무심코 지나쳐 왔던 사물에 생뚱스런 이미지를 연상케 했던 것은. 힘 있게 불끈 솟은 귀두 같은 바위의 시선은 협곡으로 갈라진 건너편 고고한 풍경들에 고정되어 있다. 왠지 남녀의 성기 모양을 은유적으로 표현한 겸재 정선의 「음양 산수도」 그림이 무의식중에 떠올려진다.

간절한 힘의 상징이라도 되는 걸까? 때론 수채화 같은 삶의 여정에서 귀두바위는 가끔씩 어릴 적 어머니의 기복신앙처럼 모진 삶의 해학과도 같은 이미지 속 성물聖物로도 다가오기도 했다.

살아서 천 년, 죽어서 천 년을 간다는 소나무의 제왕인 금강송 같은 미끈한 소나무 한 그루가 집 뒤뜰에서 자라고 있다. 부실한 제 옆 짝을 제쳐두고 거실 벽에 걸려 있는 소석의 산수화 속으로 은밀한 외출을 시도한 그대. 솔거의 「노송도」로 착각한 건 아닐진대, 어떻게 엿봤을까? 마음이 가는 곳에 스스럼없이 시공을 넘나드는 저 끈질긴 열애. 그대도 신기루 같은 일탈을 꿈꾸는가.

소석의 그림 속으로 투영된 뒤뜰 소나무의 먹빛 가지들이 바람결에 잔잔한 파문을 일으킨다. 깃털처럼 가벼운 몸짓으로 애무하듯 열락悅樂의 신음을 내며 힘찬 율동으로 일렁이고 있다. 사선으로밖에 엿볼 수 없는 그들의 처지이고 보면, 어쩜 틈틈이 기회를 엿봤으리라.

산 자와 죽은 자의 진혼곡 같은 춤사위가 궤적 같은 빛의 흐름을 타고 길게 이어진다. 시간이 지나면 무채색 맑은 영토에 오월의 연보랏빛 꽃을 피우고, 머지않아 바람의 영혼으로 잉태된 우주의 자식들을 낳아 시방세계 걸림 없는 사시사철 푸른 기상으로 올곧게 키워 갈 것이다.

초심

'bitter-sweet'이란 단어를 사전에서 찾아보니 슬픈 감정과 좋은 감정을 함께 지닌 것을 뜻한다고 적혀 있다. 쓴맛, 단맛이란 입맛으로도 비유되는 우리 삶의 과정을 서술한 단어이기도 하다.

20여 년 이끌어온 자영업체를 지인에게 넘겨주고 잠시 긴 휴식 시간을 택해 가까운 커뮤니티 칼리지에 등록했다. 갓 스물을 넘긴 꿈 많은 학생들과 함께 수업을 받은 지도 4개월이 가까워 온다. 때론 새로운 도전을 위해 늦은 시각까지 도서관 자리를 지키고 있는 많은 중년 나이의 학생들과도 자주 얼굴을 대한다. 어느 날 뜻하지 않는 선택의 기로에서 마음고생했을 그들에게서 열정적이고 순수한 초심의 마음을 들여다본다.

우리 마음엔 무한한 가능성을 지닌 마음 밭이 있다. 겸허한 자세와 사랑으로 태양 아래 어린 새싹을 키우듯 마음도 정성을 들이게 되면, 고운 생각이 새싹처럼 자라나 마음 밭은 고운 심성과 희망을 지니게 된다. 매사에 긍정적인 생각을 갖게 하고 무엇이든지 할 수 있다는 정신으로 다듬어져 현재의 어려움도 극기할 수 있는 마음의 자양분을 갖게 된다.

며칠 전, 맨해튼 5번가에 있는 닥터 오피스를 방문하기 위해 오랜만에 플러싱 메인스트릿에서 7번 지하철을 탔다. 많은 아시안과 히스패닉 이민자들로 가득 찬 지하철에서 서로가 나란히 마주보고 앉아 그들의 표정과 특유의 몸짓을 보고 있자니 자신도 모르게 피식 웃음이 터져 나왔다. 양볼에 키스를 하며 반갑게 껴안는 사람, 주위도 아랑곳하지 않고 계속 흥얼대며 음악을 듣는 젊은이들, 연신 손자 머리를 쓰다듬고 있는 중국 할아버지의 애틋한 눈빛의 손자 사랑…….

자신들의 언어로 자유롭게 친밀감을 나눌 수 있는 지하철 공간은 언제 보아도 복잡하고 소란해 보이지만 그곳엔 희망과 만남, 기쁨 그리고 어울림이 조화된 그들만의 퍼포먼스로 가득 채워진다.

이민자들의 희망과 애환이 서려 있는 7번 전철은 내게도 특별한 사연이 있다. 이민 초기 이상과 현실의 부조화 속에 정신적으로 힘든 시기가 있었다.

어느 날 푸근해 보이는 비슷한 나이의 옆 좌석 젊은 엄마에게 이런저런 이야기 끝에, 가슴에 비밀처럼 품고 지내던 고민을 털어놓았을 때, 뜻밖에도 그녀는 생글생글 웃으며

"글쎄요. 10년 전 부부가 좋은 관계로 만나 살다가 10년이 지난 지금 무엇이 달라졌을까요?"

고개를 갸우뚱거리며 화두처럼 건넨 그녀의 묵직한 말 한 마디가 내게 가족을 지킬 수 있는 힘이 되곤 하였다. 그리고 생면부지의 누구였던가.

"밥은 제때 제때 챙겨 드셔야 합니다. 낯선 땅에선 뭐니뭐니해도 건강이 최고지요."

어느 날 늦은 시각, 지친 모습이 가련해 보였던지 옆 좌석에 앉은 중년 아저씨의 따뜻한 말 한 마디에 순간 목울대가 꿈틀거렸던 지난 시간이 있었다.

무성영화처럼 스쳐가는 생면부지 두 사람과의 만남은 오랫동안 나에게 하심과 초심이란 두 마음을 지니게 했다.

요즘 내 주변엔 어려움을 겪고 있는 많은 사람들이 있다. 실질적인 힘이 되어주지 못하고 말로써 그들을 위로한다는 게 때론 내게 마음 아픈 가식으로 와 닿는다.

새 식구

딸이 오늘도 이메일로 사진을 보내왔다. 애지중지 키우는 개구쟁이들의 앙증맞은 모습을 담은 사진 속 그들을 들여다본다. 모모, 밀키 그리고 콘지. 몇 주 사이에 몰라보게 훌쩍 자랐다.

남들은 눈에 넣어도 아프지 않은 귀여운 손자 손녀들의 재롱에 넋이 나갈 지경이라고 행복한 말들을 쏟아내곤 하는데, 우리 부부는 손주 보듯 대리만족이라도 하라는 건지, 가끔씩 딸이 이메일로 보내온 고양이 사진만 무심코 들여다보곤 한다.

1년 전, 사위 회사가 산호세에 있는 대형회사와 합병이 되는 바람에 샌프란시스코에다 미리 살림집을 구해놓고 한 달간 정신없는 와중에 생각지도 못한 일이 생겼다. 누군가 갓 태어난 고양이 새끼 다섯 마리를 박스에 담아 딸이 근무하는 회사 정문에다 버렸다. 여린 맘에 그냥 지나치지 못하고 퇴근길에 두 마리를 집으로 데리고 왔다. 사위는 짐짓 당황한 표정이 역력하면서도, 일단 내 집에 들어온 이상 내 식구임을 강조하면서 둘이서 잘 키워보자고 합심까지 했다고 한다.

태어나 어미젖을 수유받지 못하고 버려진 어린 새끼들은 딸 내외의 온갖 정성에도 불구하고 자주 탈이 나 병원 출입이 잦았다. 뚜렷한 병명도 없이 증상이 악화되자 수소문 끝에 삼 대가 수의사 집안인 곳으로 병원을 옮기는 극성까지 보이며, 타 주로 이사하여 새 보금자리에 쓰일 적잖은 비용을 어린 고양이들 치료비로 몽땅 지출하고 말았다.

남편은 고양이를 가까이하는 것조차 싫어한다. 이민 초기 카펫에 묻어 있던 고양이 벼룩으로 오랫동안 진물이 나고 상처가 아물지 않아 무척 고생했다. 딸 내외가 주변 인사차 자주 집을 비우자, 어린것들은 순전히 남편과 나의 몫이 되었다. 각자 한 놈씩 손바닥에 받쳐 들고 4시간마다 젖병을 물리고, 등을 두드려 트림을 시키고 나면 손바닥이 엄마 품속인 양 이내 잠을 잔다. 아기 땐 스스로 오줌, 똥을 조절하지 못해 어미가 배설 부위를 핥아줘야 기능이 가능한데, 이 역할마저도 딸의 지시대로 젖은 종이타월로 항문 부위를 살살 문질러주면, 모래를 넣어 만들어 놓은 네모 상자 안으로 들어가 배설한 후, 흙으로 덮어 버리는 깔끔한 행동까지 한다. 새 식구들에 반감을 갖는지 콘지는 덩치에 어울리지 않게 엉뚱한 시샘을 부리기도 하고 새끼들의 전용 화장실로 들어가 소변까지 보고 흙을 마구 파헤쳐 놓기가 일쑤다. 때론 거센 행동으로 어린것들을 못살게 굴 땐 몸을 낮추고 대처하는 것을 보면 어린것들이 눈치도 빠르고 영리한 면도 있다.

며칠 동안 딸 집을 오가며 먹이고 치우고 재우고 그들의 행동 하나하나에 관심을 갖다 보니, 어느 틈에 정이 들었는지 남편은 자고 있는 놈을 톡톡 건드려 보기도 하고, 눈만 뜨면 품에 안기려는 어린것들을 보고 한 마리는 놔두고 떠나라는 말까지 딸에게 건넨다.

고양이들로 인해 계획보다 열흘 늦추어진 샌프란시스코 일정이 다가오자, 이번엔 비행기 표 구입 과정에 문제가 발생했다. 개인당 한 마리씩으로 제한된 항공사의 규칙으로 인해 누군가 샌프란시스코까지 동행해야만 했다.

당시 시월은 내게 여러모로 바쁜 달이라 함께할 수 없는 이유를 먼저 말하자, 생전 애교라곤 찾아볼 수 없는 딸이 내게 안기면서, 우리에겐 누구보다도 용기를 줄 수 있는 엄마의 도움이 꼭 필요하다고 여행 운운까지 하며 나를 부추기는 바람에 못 이기는 척 희생양이 되었다.

모모와 밀키, 그리고 콘지는 항공비로 각자 백 불씩 지불하고 당일엔 아담한 캐리어에 담아 각자 무릎에 신주단지 모시듯 한 놈씩 올려놓고 그렇게 뉴욕을 떠났다. 딸과 사위는 알아듣지도 못하는 어린것들을 말로 달래며 6시간 동안의 다소 지루하고 불편한 긴 비행을 오직 그들에게 맘을 쏟으며 갔다.

딸이 오늘도 그들의 사진을 이메일로 보내왔다.

주인의 말귀를 알아듣고 몸짓으로 대화하고 의미를 부여하려는 영리하고 민첩한 동물인 딸의 식구들. 딸이 보낸 개구쟁이들의 일상을 담은 사진 곳곳에서 나는 짝사랑에 푹 빠진 딸의 순수한 영혼을 들여다본다.

플래너리

'플래너리'란 미국 작가 이름을 지닌 딸이 키우던 토끼를 대학 기숙사에서 집으로 데리고 왔다. 구입 당시 상점 주인의 말과는 달리 몸집이 점점 불어나 더 이상 키울 수가 없어 우리 차지가 됐다. 출생지는 알 수 없으나 애완용센터에서 구입해 문학을 공부하는 학생들 틈에서 보고 듣고 느끼며 살아온 탓인지, 여느 토끼와는 달리 감수성이 예민한 새침데기 소녀 같은 면이 있었다. 순박한 모습에다 두 눈망울엔 깊은 사색이 잠겨 있고, 때론 외로움을 타기도 하고, 다른 동물처럼 크게 소리는 내지 못해도 화를 노출시키고 기쁨을 연출하는 오감을 지닌 그녀. 기분이 좋을 땐 엉덩이를 걷어차듯 휙휙 180도 이상 몸을 돌리며 최상의 기쁨을 알리던 그녀가 뭔가에 토라지면 뿌연 오줌을 휙 갈기기도 한다.

맘껏 뛰어놀 수 있도록 뒷마당에 넓게 철망을 두르고 아담한 집까지 마련해 넣어주었다. 딸을 생각하며 자주 나가 얼굴을 맞대곤 했는데, 평소 경계의 태세를 늦추지 않던 그녀가 나뭇가지를 오르내리는 다람쥐의 민첩함에 반했는지, 어느 날 자신의 밥그릇까지도 다람쥐에게 허용하는 관용을 베푼다 싶더니, 허공을 넘나드는 날쌘 다람쥐의 영향인지 높은 철망을 뛰어넘어 두 번의 가출을 시도했다.

7일 동안 집 나간 아이 찾듯 온 동네를 샅샅이 뒤져도 보이지 않던 그녀가 나의 애타는 마음이 이심전심으로 가 닿았는지, 지난 밤엔 선몽 같은 꿈을 꾸었다.

거실을 지나 부엌 쪽으로 가는 입구에 한 움큼의 콩자반 같은 까만 토끼 똥을 꿈에서 발견했다. 반가움에 두 손으로 만져보니 따뜻한 온기가 그대로 느껴졌다. 순간 나는 그녀가 살아 있음을 꿈속에서 감지했다. 이튿날 아침, 거실 창문 커튼을 열어젖히자, 뒷마당에서 거실 쪽을 바라보고 쪼그리고 앉아 주인을 기다리고 있던 그녀. 얼마나 반가우면 주인의 음성을 듣자마자 정신없이 앞뒤 정원으로 뛰어다니며 몸을 한 바퀴씩 휙휙 반복하여 돌며 최상의 기쁨을 주인에게 알리던 플래너리.

평소 두 귀를 쫑긋이 세우고 뒷다리로 서서 야간 경계도 불사하며 한동안 잠잠하던 그녀가, 널찍한 제집이 있음에도 불구하고 이번에는 본능적으로 땅굴을 파고들어갔다. 그리곤 매사에 흥미를 느끼지 못하고 힐긋힐긋 눈치만 살피더니, 이내 세 번째 가출을 꿈꾸고 있었다.

우리 가족은 고민 끝에 가족회의를 열어 그녀를 방출하기로 했다. 숲 속으로 보내져 자연과 더불어 살게 하자는 데 모두 뜻을 모았다. 또한 왕성한 번식력으로 자손들을 거닐며 그녀의 행복한 여생도 염두에 두었다.

플래너리가 우리 곁을 떠나간 지도 얼추 10년이 되어간다. 2011년, 신묘년 토끼해를 맞이했다. 신문과 TV에서 귀여운 토끼들의 앙증맞은 모습을 담은 영상들을 마주할 때마다 가슴 한편이 뭉클해져왔다. 10년 전 딸아이 학교 뒷산에다 놓아준 플래너리가 생각이 났다.

지난밤엔 딸 같은 여린 그녀를 생각하며 잠을 청한 덕인지,

꿈속에서 대가족을 이끌고 예전에 살던 롱아일랜드 집으로 찾아왔다. 나는 반가움에 모두를 껴안으며, 평소 플래너리가 선호하던 딸 방으로 안내하며 며칠 쉬었다 가라며 등을 다독거리기까지 했다. 그리고 그들에게 먹일 음식을 준비하느라 분주하게 부엌에서 당근과 야채들을 도마에서 토닥거리고 있는데, 누군가 심하게 흔들어 깨우는 소리에 눈을 떴다. 웬 잠꼬대가 그리 심하냐면서 옆에서 자고 있던 남편이 일어나 의아한듯 나를 쳐다본다. 아! 꿈이었구나. "애들아 잘 지내고 있겠지!"

해바라기

노란 꽃잎으로 장식한 작은 사진틀 속엔 언제 보아도 낯설지 않은 고만고만한 아이들의 고운 시선이 그대로 박혀 있다. 풋풋한 내음을 풍기며 봄 햇살처럼 들어앉은 아이들, 84년 해바라기 유치원 졸업사진 속 아이들이다. 흰 사각모에 하얀 가운을 걸친 17명의 졸업생 가운데 유독 앙증맞은 모습으로 서 있는 딸아이가 서른의 나이테를 뒤로하고 칠월 탄생화 꽃 속에서 방긋이 웃고 있다. 아이들 뒤편엔 햇무리처럼 아이들을 감싸고 서 계시는 40대 초반의 원장이 해바라기 꽃 같은 환한 미소를 짓고 계신다.

태양을 품은 꽃 해바라기, 노란 꽃잎 하나하나가 모여 커다란 한 송이 꽃을 이루고 있는 해바라기는 태양신 아폴론을 사랑했던 물의 요정 크리티가 9일 동안 한 장소에서 오직 아폴론만을 애모하며 그리다가 그대로 뿌리로 변해 땅속 깊이 박혀버린 소녀의 넋으로 태양을 닮은 해바라기가 되었다는 전설을 지니고 있다.

사람들의 눈요기나 쉽게 손을 타는 꽃들과는 달리 근접하기 어려운 3미터 가까운 큰 키에 온몸엔 강한 솜털이 나 있어 선불리 다가가지 못한다. 어릴 땐 태양을 스승 삼아 해를 따라 동서로 움직이는 어린 해바라기는 꽃이 피고 줄기가 굵어져 성숙한 시기가 되면 태양을 향한 9일의 염원의 숫자처럼 한곳에 그대로 서 있는 고귀한 성질을 지닌 어느 청순한 여인의 기품과도 같다.

며칠 전, 유니온 스트릿 선상을 지나다가 지금은 흔적조차 찾아볼 수 없는 낯선 빌딩 사이에서 25년 전, 두 살과 네 살이던 두 아이에게 한동안 꿈의 요람이었던 해바라기 유치원을 기억 속에서 더듬어 보았다.

언제나 잔잔한 미소로 어린 새싹들에게 태양이 되어주셨던 곽상희 원장님. 돈독한 신앙심과 문학인으로서 꾸밈없는 삶을 살고 계시는 선생님을 5년 전 문우의 등단식에서 오랜만에 뵙고 반갑게 인사를 드렸던 기억이 난다.

"매일 빠짐없이 일기를 쓰세요." 글을 쓰고 싶다는 나에게 하신 첫 말씀이 오늘따라 새롭게 다가온다.

85년도 묵은 일기장을 넘긴다. 『장길산』의 저자 황석영 씨가 8시에 유치원 지하실에 도착한다는 곽상희 선생님의 급한 전화를 받고 서둘러 길을 나섰다. 총 7명이 참석한 작은 지하실 공간엔 서너 병의 술이 테이블 위에 준비되어 있었고, 얼마 후 어디선가 두문불출하고 있다던 황석영 씨가 텁수룩한 모습으로 군복 상의를 걸치고 불쑥 나타났다. 그의 얼굴에선 편안함보다는 쫓기듯 살고 있는 소설가의 힘든 인생 여정을 쉽게 감지할 수 있었다.

화기애애하던 초기 분위기와는 달리 서로를 탐색하듯 예리한 질문이 오고 가더니 끝내는 모 시인과의 상반된 이념 대립으로 인한 거친 싸움은 한동안 갈망하던 문학의 세계에 두려움까지 지니게 했다. '참으세요.' '참으세요.' '제발 참으세요.' 좌불안석하며 낮은 소리로 애원하던 곽상희 선생님의 모습이 눈에 선하게 그려진다.

노란 해바라기 꽃을 자화상처럼 즐겨 그려내고 생명의 꽃이라 불렀던 빈센트 반 고흐의 「해바라기」 그림을 떠올리면서 누구든 마음속에 노란 해바라기 꽃 한 송이씩 간직하고 산다면, 아무리 난해한 이해관계라도 쉽게 매듭이 풀리지 않을까 생각해 본다. 상대의 얼굴을 둥근 해바라기 꽃 가운데 들여놓고 밝은 마음으로 들여다보면 어찌 흠집이 있을 수 있을까.

나는 오래전 아이들로 인해 뵙게 된 곽상희 선생님의 삶 속에서 해바라기 꽃 같은 때 묻지 않은 순수함을 쉽게 읽어내려 갔다.

중대백로

만灣이 인접한 산책로를 따라 걷다가 아침 물가에서 쉬고 있는 백로 무리를 만났다. 거의 짝을 이룬 백로들 가운데 한편에 서서 우아한 몸짓을 자랑하고 있는 백로의 모습이 산책길에 지니고 온 카메라에 포착이 됐다. 날개 깃을 폈다 접었다 하며 사푼사푼 물 위를 걷다가도 좌우로 고개를 낮게 기울이고는 물 주변을 선회하는 동작이 마치 수면에 비친 자신의 아름다운 모습에 반한 나르시시즘을 보는 것만 같았다. 멀리서 약간 어긋나 보이는 듯한, 입가엔 뭔가 말을 건네는 것 같기도 하고, 흥겨운 노래를 중얼거리는 것만 같은 이미지로 다가왔다.

잠시 동작을 멈춘 백로가 무리의 경계를 벗어나 서서히 뒤돌아

발걸음을 뗀다. 그리곤 한 발 한 발 어디론가 시선을 두고 걷기 시작했다. 한 걸음, 두 걸음, 세 걸음, 무엇을 본 걸까? 이탈한 동료에게 모두 관심을 두지 않는 걸 보면 왕따라도 당한 걸까. 백로의 걸음걸이를 지켜보다가 문득 '모옌'의 장편소설 『열세 걸음』이란 제목이 떠올랐다. 참새에 관한 러시아 민담으로서 두 발로 종종 뛰지 않고 한 발 한 발 걷는 참새를 본 사람에게 행운은 걸음 숫자만큼 더해지지만 단 행운은 열두 걸음까지다. 열세 걸음부턴 불행이 곱절로 다가오기에 절대 쳐다보지 말아야 한다. 그러나 이 소설의 주인공들은 예정된 운명처럼 비극의 열세 번째 걸음을 걷는다는 내용이다.

카메라 렌즈를 통해 한 발 한 발 내딛는 백로의 걸음을 지켜본다. 성큼성큼 앞을 향해 걷고 있는 전방에서 작은 잿빛 물새 한 마리가 같은 시선으로 마주보며 다가오고 있었다. 백로가 열 번째 발걸음을 내딛는다. 그리고 잠시 머뭇거리는가 싶더니, 열한 번째 걸음으로 가볍게 이어진다. 아슬아슬한 행운의 발걸음 숫자는 이제 한 걸음이 남았다. 호기심 가득 지켜보고 있는 나도 긴장이 되는 순간이다. 뭔가 골똘히 생각하듯 잠시 멈춰 서 있던 백로가 행운의 경계 숫자인 열두 번째 걸음을 내딛는다. 이제 작은 물새와의 거리는 서너 걸음의 보폭으로 좁혀져 있다. 서로가 편히 올려다보고 내려다볼 수 있는 적정거리에 와 있음을 감지라도 한 걸까. 기적처럼 둘은 열두 번째 걸음에서 발걸음을 멈추고 섰다. '안녕?' 하고 인사라도 하듯, 서로 바라보고 서 있는 시선이 오랜 친구인 양 낯설지가 않은 모양이다. 자세히 들여다보니 백로 왼쪽 다리에 지푸라기 같은 끈이 매어져 있다. 어디서 본 것 같은 기억에 산책을 마치고 집으로 돌아와 며칠 전 같은 장소에서 담은 백로 사진을 찾아 살펴봤다.

작은 물새와 함께 있는 백로의 모습이 지난 물가에서도 물새들 틈에서 포착이 됐다. 그간 동료들과 어울리지 못하고 홀로 고독한 자존감 같은 속내를 지닌 백로의 마음을 이제야 알 수 있을 것 같았다. 이 둘의 끌림은 어디서부터 시작된 걸까. 살가운 표정으로 서로의 맘을 아우르고 서 있는 사진 속 백로와 작은 물새, 혹여 암수 두 마리가 함께해야만 날 수 있다는 전설 속 비익조比翼鳥 같은 전생을 서로 기억하고 있었던 건 아닐까.

행운의 열두 걸음을 떠올리며 중대백로의 격조 있는 우아한 몸짓과 작은 물새와의 만남을 지켜볼 수 있었던 내게도 이들과 적잖은 행운 같은 교감을 나누고 있었는지도 모른다.

눈 씻고 보면

한국의 원로 시인이자 화가인 성춘복 시인의 「詩가 있는 그림展」이 뉴욕 롱아일랜드 시티에 있는 스페이스 월드에서 10일간 전시되었다. 오프닝 리셉션이 있던 첫날 문우들과 함께 참석하여 그림 한 점씩을 구입했다. 시인이 2년 동안 작업한 70여 점의 작품을 차례로 감상하다가 나는 마티스의 「댄스」 이미지를 떠올리게 하는 「눈 씻고 보면」이란 제목을 단 작은 액자 속 그림 앞에 가까이 다가섰다. 지인들과는 달리 첫눈에 시선을 끄는 작품에 관심을 갖고 구입 의사를 밝혔다. 10일간의 전시가 끝나자, 그림 한 점을 집으로 가져와 거실 벽에 걸어두고 소중한 사람을 만나듯 조심스레 들여다보곤 한다.

> 더불어 살아 나가던 모든 찰나며 모순까지 오두막의 누추나 가난조차 자연으로 엮어 옮겨 놓게 되고 쌓아 거듭 빛나게 되는 정이 내 삶의 그릇이 되고 길이 되어 그 어리석음 천지에 갇힌다 해도 큰 숨 한 번이면 다 풀어지게 되는 것을
>
> —「눈 씻고 보면」

관조하는 삶과 자연의 순환을 엿볼 수 있는 성춘복 시인의 작은 그림 속엔 밝은 녹색을 바탕으로 조화 있게 배치되어 있는 12개의 노랑, 보라, 분홍의 꽃잎들이 들어 있다. 꽃잎마다 인간의 희로애락적인 삶의 퍼포먼스가 그려져 있고 그림 중앙엔 공空을 시사하듯, 비움의 미학 같은 둥근 일원상 속엔 「눈 씻고 보면」이란 시가 참회록 같은 여운을 주며 자리하고 있다. 꽃잎 속에 그려져 있는 붉고 검은 색상의 나체들의 자유로운 율동에서 나는 야수파의 대표적인 화가 헨리 마티스의 「춤」 댄스를 떠올렸다.

다섯 명의 무희들이 초록 언덕 위에 올라 푸른 하늘을 배경 삼아 붉은 알몸으로 열정적인 춤을 춘다. 서로 손을 마주잡고 원형을 이루며 리듬 있는 영혼의 춤을 추고 있는 한편엔 닿을 듯 말 듯한 두 사람의 쫙 뻗은 손은 역동적인 긴장감마저 불러일으킨다.

마티스의 춤과 같은 시인의 작은 액자 속 그림은 나로 하여금 수시로 그가 쳐 놓은 인드라망에 쉽게 빠져들게 한다.

> 문사文士로서의 삶이 나의 꿈이라면 더 열심히 살고 내 시와 그림처럼 건강해야 한다는 것이 이번 전시에서 확인되기를 진심으로 바란다.
>
> — 시인의 말

적잖은 연세임에도 불구하고 끊임없이 도전하는 열정과 자유로운 영혼을 지닌 작가. 그의 그림 속엔 자연과 어우러지는 무한한 우주의 단면과 같은 진솔한 삶을 담은 철학이 곳곳에 담겨져 있다.

술

지인들과의 저녁 모임에서 복분자술 두 병과 따끈하게 데운 정종이 작은 세라믹 주전자에 담겨져 나왔다. 특별 주문한 생선회를 가운데 두고 몇 순배씩 술이 오갔다. 작은 유리잔에 따라주는 핑크빛 선연한 빛깔의 달착지근한 복분자술 넉 잔을 마셨다. 한 모금씩 음미하듯 마신 술에도 불같은 기운이 도사리고 있는지 나른한 취기가 주량의 한계성을 알려온다. 마실수록 말이 많아지고 있는 지인들과는 달리, 점점 말수가 줄어들면서 두 귀까지 먹먹해져 아예 침묵으로 일관하고 있는 나의 주량을 눈치챘는지, 앞자리에 앉은 K가 "천차만주淺茶滿酒, 술잔은 가득 채워야 하고 찻잔은 얕게 따라야 맛"이라고 한 마디 건네면서 내게 가득 술을 따라 또 권한다. 차후 두통으로 이어져오는 후유증을 어떻게 감당하랴. 밤새 술을 마셔도 정신이 멀쩡하다는 옆자리 N의 주량이 부럽기까지 하다.

77년도 첫 시판되었던 내가 즐겨 마시던 '마주앙'이란 와인이 있었다. 분만 환자를 다루는 비릿한 일과를 마치고 나면, 유독 비위가 약한 내게 속을 잠재워 주던 안정제 같은 역할의 술이었다. 여인의 허리선처럼 맵시 있게 생긴 그린색 병에 담긴 마주앙 와인은 풋과일 향이 풍기는 담백한 맛이 취기의 여운마저도 깔끔했다. 오랜 시간이 흐른 지금도 유일하게 나의 취향에 맞는 술이라고 이야기하며 20대의 달콤한 기억까지 생각나게 하는 착한 술이었다. 요즘 술은 나와 함께 나이를 먹어 가는지 제 앞가림도 못하고 초반전 한두 잔에 무너지니 고독한 시간에 즐겨 독대했던 시간들이 차츰 그리워지고 있다.

일전에 최 고문께서 손수 담은 석류주 한 병을 인편에 보내주셨다. 거의 한 달 동안 잊고 지내다가 열은 분홍빛을 띠고 있는 석류 주를 크리스털 와인 잔에 따라 맛을 보았다. 그윽한 향에 시큼달큼한 동동주 맛 같은 여운이 감도는 석류주는 마실수록 은근히 빠져드는 마법 같은 성질을 지니고 있었다. 아마도 몸에 좋다는 갖가지 재료들로 잘 숙성시킨 약술이지 싶다. 병에 눈금까지 재가며 조금씩 따라 마시다가 가슴에 넉넉하게 젖어드는 석류 주의 따스한 온기에 고운 성정을 지닌 선한 선생님의 모습도 떠올려보고, 보내주신 약술에 뒤늦은 감사도 드려보았다.

언젠가 읽은 유대인의 지혜서인 『탈무드』엔 사람을 평가하는 3가지 기준이 나온다. 키이소오(지갑), 코오소오(술잔), 카아소오(노여움), 이 가운데 술은 양면성을 지니고 있어 적당한 술은 기분을 좋게 해 주지만 잘 다스리지 못하면 사람마다 천차만별의 행동이 나온다고 한다. 평소와는 달리 과격한 행동을 하는 것도 처음엔 사람이 술을 마시지만 그 후, 술이 술을 마시고 나중엔 술이 사람을 마신다는 말도 있듯이 함께 술을 마셔보면 그 사람의 됨됨이를 가늠할 수 있다고도 한다.

내게 마중물 같은 지인이 계시다. 언젠가 지인이 보내온 안부멜 속에 그의 술좌석을 가늠케 하는 글을 받고 마음 한편이 뭉클해져 왔던 적이 있다. "취하려고 마시는 술인데 평생 '취중불언진군자醉中不言眞君子'라는 말을 안주로 삼았던 그 습習을 버리지 못하고,

아무리 취해도 취할 수 없었던 불쌍한 50대 남자를 보았습니다." 사원들의 취중진담 같은 이야기에 귀를 기울이고, 고독히 술잔을 아우르고 있었을 호연지기浩然之氣 같은 지인의 모습에서, 나는 청마의 "술은 마음을 세탁하지."라는 술의 아포리즘 같은 한 마디를 무의식중에 떠올려본다.

2

마음 밭에 뛰노는 빗소리

영동에 가면

경주에서 열린 펜 대회를 마치고 영동 남동생 집에서 이틀 밤을 보냈다. 아침 동이 트자 조용히 현관문을 열고 밖으로 나왔다.

청정한 아침 공기가 달콤하다. 가로수마다 옹기종기 매달려 있는 감들의 정취가 살갑게 다가온다. 감 고을이란 아파트를 지나 큰길 쪽으로 나와 충혼탑이 올려다보이는 용두봉龍頭峰을 향해 천변을 따라 걸었다.

높게 장식한 아치조형물이 있는 다리를 지나자, 주변에 잘 가꾸어 놓은 용두공원의 멋진 풍경들이 요정의 숲에 든 것같이 아름답게 눈앞에 펼쳐졌다.

공원 안에도 감나무가 주먹만 한 감들을 달고 서서히 물들어가고, 소나무 한 그루도 홍겨운 듯 휘어져 있다.

바닥에 설치해 놓은 궁중 악기 조형물과 조각상들이 곳곳에서 눈길을 끈다. 한쪽에선 둥근 타원형 메탈 위에 앉은 세 마리의 원숭이가 금빛 형체로 살아 움직이는 듯 아침 햇살에 반짝인다.

200미터 가까운 벽면 한 면엔 시인들의 글과 그림들로 가득 채워져 있고, 세계 각국의 어린이들이 그린 그림도 작은 타일에 넣어 모자이크로 예쁘게 장식했다. 하나같이 순수함이 가득 묻어나는 앙증스런 그림들이다.

사물로 불리는 꽹과리, 북, 장구, 징 타악기들과 함께 상모를 돌리는 모습이 새겨져 있는 동판 앞에 서니 힘찬 율동적인 모습에 절로 어깨가 들썩인다.

동판에 새겨 있는 대금과 난계 선생의 정좌하고 계신 모습에선 「청성자진한잎」의 청아한 대금 소리가 청공淸孔의 울림을 통해 들려 오는 듯 하다.

손으로 짚을 수 없고 입으로도 불 수 없는 천공 같은 마음이 우주의 혼을 담아 가로수 감나무 사이사이를 어르며 무한한 우주 공간을 구름처럼 떠돌 것 같은 착각이 인다.

영동엔 하늘을 날 것 같은 오룡五龍으로 단청하여 만든 세계에서 가장 큰 북인 천고天鼓가 있다. 울림판 가운데는 삼색 태극 무늬가 있고 팔괘가 울림판 테두리에 자리하고 있다.

이석제 악기장에 의해 탄생된 천고는 간절한 소망을 담아 북을 두드리면 청명하고 웅장한 소리가 하늘에 닿아 소원이 이뤄진다는 의미로 천고天鼓라 명했다고 한다. 기네스북에도 등재된 세계 최대의 북이 국악의 고장인 영동에서 만들어졌다는 데 자긍심을 갖는다.

영동은 신라의 우륵과 고구려의 왕산악과 함께 3대 악성으로 불리는 '난계' 박연 선생의 고향이다.

매년 10월이면 난계예술제가 국민의 축제로 열리고 있고, 생가가 있는 심천면 고당리에는 난계 선생의 영정을 모신 사당과 동상이 세워져 있다. 난계 국악박물관을 비롯해 국악기 체험 전수관과 국악기 제작촌이 마련되어 우리 것을 소중히 간직하는 많은 방문객들의 발길이 끊이지 않는다고 한다.

영동에 가면/ 영동에 가서 귀 기울이면/ 어디서나 들리는 듯한 대금 소리/ 유월의 푸른 바람처럼/ 녹음 짙게 들리는/ 시원始原 알 수 없는 대금 소리/ 그 시원을 찾아/ 영동 감나무 길 따라 귀 기울이면/ 영동 사람들의 사는 얘기가/ 감나무 가지 끝에서/ 푸르게 익어가는 장단 소리 되어/ 거리에 흩어지고(……)'

— 「영동에 가면」, 박화배

위로 나 있는 계단을 통해 충혼탑이 있는 '용두봉'에 올라 잠시 호국영령들의 넋을 기리는 탑 앞에 서서 묵념을 드렸다.

용두봉 산 주변엔 천연기념물로 지정된 미선나무가 자생하고 있다. 열매가 마치 선녀가 들고 다니는 둥근 부채를 닮아 미선이란 이름이 붙여졌다고 한다. 4월이면 진한 향기에 흰색과 연분홍의 아름다운 꽃이 핀다고 하지만 시기적으로 맞지 않아 삽상한 가을바람에 마음으로만 품고 지나간다.

용두봉에 올라 산 아래를 내려다보니 영동 시가지가 방사된 거미줄처럼 그려져 한눈에 들어온다. 저 어디엔가는 다섯 개구쟁이 남동생들과 어울려 놀던 유년의 시간들이 숨바꼭질하듯 아슴푸레한 기억들로 아른거린다.

곳곳의 가로수 감나무마다 배꼽 같은 시원始原을 달고 30년 공백의 정한情恨을 발갛게 그리움으로 물들여 놓았다.

홍시

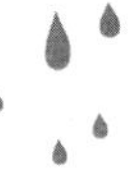

'차단한 등불이 하나 빈 하늘에 걸려 있다. 내 홀로 어딜 가라는 슬픈 신호냐.'

김광균의 시 「와사등」의 첫 구절을 떠오르게 하는 홍시 하나가 깊어가는 가을 길목에 서서 오고 가는 사람들의 시선을 사로잡고 있다.

아스라한 감나무 꼭대기에 애처롭게 매달려 있는 감 하나. 긴 장대로도 닿지 않는 높은 곳에 자리하고 있는 탓에 까치밥으로 내주어야 할 자신의 목숨이 경각에 달려 있음을 아는지, 요지부동 매혹적인 붉은 자태가 아름답기까지 하다.

무성했던 곁가지 다 떨쳐버리고 고독한 이상주의자가 된 홍시. 만경창파와 같은 세상을 내려다보고 무얼 생각해냈을까. 눈먼 아버지를 위해 인당수에 뛰어든 어린 심청의 맘 같았을까. 젊은 혈기 다 소진하고 황혼기에 접어든 노년의 모습을 들여다보는 것 같은 조심스런 마음이 불쑥 인다.

나의 유년의 뜨락에도 고풍스런 감나무들이 꿈속에조차 들어와 함께 자라고 있었다. 감이 익어가는 계절엔 황금빛으로 차오르던 고향의 서정을 느껴보기도 하고, 인고의 결정체와도 같은 흰 분이 삭아 내리길 욕심 없이 기다리던 감들의 모습에서, 육 남매에게 혼신의 힘을 기울이셨던 내 어머니도 떠올려본다.

찬 서리가 내리고, 오뚝이 모양의 튼실하게 생긴 감들은 따로 골라내어 보름 정도 채반에 담아 다락방에 묵혀 두면, 어느 날 몰랑몰랑하게 잘 익은 홍시가 되어 연로하신 어른들의 즐거운 간식이 되기도 한다. 은수저에 촉촉이 스며들던 바알간 액체가 외할머니의 목을 타고 부드럽게 내려가면 감미로운 맛과 포만감에 흐뭇해하던 외할머니의 인자한 모습이 엊그제처럼 펼쳐진다.

고욤나무에 접붙여진 감나무는 옛적 여인들의 정서와도 닮아 있다. 늦은 봄이면 초롱 같은 황백색의 감꽃이 수줍은 듯 얼굴을 내밀고 작고 여린 모양의 감꽃은 꽃이라고 불러주기보다는 오직 열매를 잉태하기 위해 태어난 가련한 감꽃에 지나지 않는다.

종갓집 맏며느리같이 듬직한 자태로 자라가는 감나무는 부드러운 습성만큼이나 구수하게 단풍이 들어 지는 낙엽마저도 여느 잎들과는 달리 애상적이다.

감나무는 예부터 인간에게 지침이 될 만한 일곱 가지 덕이 있다고 한다. 수명이 길고, 푸른 잎은 여름에 그늘이 되어주고, 벌레가 생기지 않으며, 새가 둥지를 틀지 않는다고 한다. 가을엔 좋은 열매와 함께 아름다운 단풍이 정감을 불러일으키고 또한 제 몫을 다한 낙엽은 훌륭한 거름으로도 쓰인다고 하니 감나무처럼 후덕한 심성을 지닌 나무는 찾아보기 드물 것이라 생각해 본다.

빈 하늘에 와사등처럼 걸려 있는 홍시 하나를 올려다보며 감꼭지에 마우스를 대고 한 그루의 운치 있는 감나무를 꿈처럼 키워간다.

감나무가 있는 고향 집

고르지 못한 뉴욕의 일기 탓인지 오슬오슬 한기가 뼛속까지 스며온다.

몸이 물먹은 솜처럼 무거운 날에는 구들장이 있는 시골의 뜨끈뜨끈한 아랫목이 생각난다. 그러다가 마음은 어느 틈에 날개를 달고 때 묻지 않은 내 고향 길을 달린다.

애지중지 키워주던 어머니도 아버지도 가신 지 오래지만, 고향엔 내 동생들이 옹기종기 지척에 등을 대고 살고 있다. 주렁주렁 달린 감처럼 한마을에 매달려 가까이 살면서 희망을 버리지 않고 농사를 지으며 욕심 없이 산다.

내 고향은 산 모양새가 아름답고 신선한 기운이 서려 있는 삼도(경상도, 충청도, 전라도) 접경지역에 자리하고 있다. 서울에서 경부선 기차를 타고 2시간 가까이에 이르면, 산등성이에 우뚝 솟은 충혼탑이 먼저 눈에 들어오고 가로수에 덧보태어 감나무의 선한 잎들이 푸근한 시골의 정취를 길에 뿌린다. 집집마다 서너 그루의 감나무가 울타리를 대신하고, 노랗게 감이 익어가는 수확 철엔 광주리 가득 따온 감을 가운데 두고 아낙네들이 빠른 손놀림으로 다투어 껍질을 벗겨내면, 연한 속살을 드러낸 감들은 감 타래에 나란히 한 줄로 묶여, 하얗게 분이 날 때까지 주렁주렁 외롭게 매달려 아무도 오지 않는 뒤뜰의 적막을 홀로 지킨다.

곶감의 흰 분이 삭아 내린 것은 감을 바라보는 어머니의 한숨을 알지 못할 오랜 기다림이었다.

김천, 무주, 영동 3군이 접해 있는 지점엔 1,242미터 높이의 민주지산의 삼도 봉이 높이 솟아 주민의 평안을 지켜주고 있다. 산 입구로 들어서면, 작은 암자가 있는 황룡사 절간 가까이 샛길이 나 있고, 듬성듬성 암석이 깔려 있는 계곡을 끼고 우거진 숲을 헤치고 오르다 보면 길 폭은 점점 좁아지면서 이민 길을 힘들여 살아가듯이 숨이 차 온다. 바위틈으로 흐르는 계곡의 물가에서 잠시 숨이라도 돌리면서, 두고 온 고향도 생각하고 아이들의 장래도 생각하면 몸은 어느새 가벼워져 욕심을 들고 가도 별로 힘들이지 않고 꼭짓점인 삼도 봉에 이르게 된다.

기차역이 있는 읍내에서 Bus를 타고 20여 리 길을 학산 쪽으로 달리다 보면 상시와 하시로 나누어져 있는 범하리 동네가 왼쪽으로 들어선다. 상시엔 누가 살았고 하시엔 누가 살았는지 학생 수가 적어서 폐교된 초등학교는 사람들 가슴속에 그림자만 남기고 공허로 남아 있다. 또한, 읍에서 대전 방향으로 발길을 돌려 금강 줄기가 흐르는 심천의 긴 다리를 건너 좌측 길로 녹지의 산능선을 타고 들어가면 심천면 마곡리가 나타난다. 도시 생활에 싫증이 나거나 도시문명에 시달리던 사람들이 한 집 두 집 가족을 이끌고 이곳에 모여든다.

조상 대대로 이어오며 같이 모여 일구어 놓은 동네가 영동永同이라는 동네요, 물질 만능의 어려운 세상을 감꽃이라도 곱게 바라보며 영원토록 같이 살아가자는 뜻을 지금도 버리지 않는다.

매년 가을엔 난계 박연 선생의 '난계 예술제'가 온 군민의 정성으로 화려하게 펼쳐지고 있지만, 난계 박연 선생은 그걸 내려다보고 무슨 생각을 할까?

5일장이 서는 읍내에는 장날마다 버리고 싶은 갖가지 물건들을 바구니에 가득히 이고 나와 기쁨도 같이 놓고 가난도 섞어서 감나무 그늘 밑에 상차림 하듯 가지런히 모양 있게 차려 놓는다. 그것만이 아직도 영동을 지켜주는 본래의 모습이다. 과연 변화하는 것만이 우리를 발전시키는 것일까. 감꽃의 색깔은 변하지 않는다.

아버지의 향기

5년 전, 고향에 계신 아버지를 뵈러 간 적이 있다. 뼈만 앙상히 남은 아버지의 여윈 모습에 눈시울이 뜨거워졌지만, 검버섯 투성이 주름진 얼굴 위로 꼿꼿한 성품과 기백이 그래도 나를 지켜 주었다. 나를 차에 손수 태우고 자신이 태어나 자란 산촌 마을 구석구석을 돌아보며 어린아이 얼굴로 돌아가는 아버지의 멋쩍은 얼굴은 나를 슬프게 했다.

20대 초반에 경찰관이 된 아버지는 산 하나를 사이에 둔 어머니를 만나 이루어 놓았던 꿈같은 세월을 아버지는 한을 털어내듯 간간이 나에게 유언처럼 토해내셨다. 자녀에게 자상하면서도 때로는 따끔한 회초리 같은 무서움을 지닌 엄한 아버지였다. 아이들이 잘 보이는 곳에 양사언의 시구를 붙여두고 무엇이든지 노력으로써 이룰 수 있는 가능성을 제시해 주곤 했다. 쌀뒤주가 있는 벽에도 쌀 한 톨 콩 한 개에 스며 있는 농민의 수고에 감사할 줄 아는 글귀를 붙여놓아 땀의 소중함을 일찍 일깨워 주셨다.

어머니를 따라 오신 외할머니가 우리와 함께 사셨다. 몸이 불편하여 잠을 주무시지 못하는 날이면 아버지는 할머니를 가볍게 등에 업고 이 방 저 방 거닐면서 잠을 재워 주시던 광경을 나는 잊지 못한다. 자신의 부모님과 처부모님을 한집에 모신 아버지는 생활의 리듬을 위해 어린 우리들에게 많은 신경을 쓰셨다. 정직하고 부지런함을 강조하셨고 일찍 일어나 웃어른께 문안 인사로 하루를 시작하게 했다. 동그랗게 빨간 표시가 되어 있는 달력 속의 제삿날을 우리는 제일 먼저 기억하고 손꼽아 기다렸다. 외갓집 차례가 돌아오면 부모님이 소박한 옷차림으로 정성껏 마련한 정갈한 음식에 예의를 담아 상 위에 올릴 때마다 조용히 옆에서 지켜보시던 외할머니는 알 수 없는 미소가 입가에 흘러내리곤 했다.

강산도 변한다는 10년의 세월이 두 번 넘게 지나가고 가끔씩 맏며느리라는 자리에 회의를 느낄 때 나는 아버지의 향기를 가까이에 두고 자주 자성의 시간을 가져본다.

늙음은 밀물처럼 스며든다고 했던가? 아버지는 팔십의 연세는 부끄러운 나이라고 하셨다. 일찍 어머니를 보내신 외로움도 있지만 가까운 친구분들이 한둘, 먼저 오던 길로 떠나가면서 아버지의 고독은 더욱더 깊어갔다. 사람들이 모인 곳에서는 색안경과 중절모로 자신의 노출을 꺼렸고, 노인들이 모여 소일하는 장소에는 처음부터 발길도 하지 않았다. 자신을 스스로 경계하며 높이 치솟는 한 그루 나무의 자태처럼 아버지는 그렇게 살다 가길 원했다.

오월의 푸른 향기가 만발한 꽃들과 어울려 있을 때 나는 새벽녘에 남동생으로부터 아버지의 부음을 전해 들었다. 추운 겨울날, 화롯불 가까이에 얼굴 맞댄 고사리 같은 작은 손들에 잘 구워진 밤톨을 차례로 나눠주시던 아버지의 착한 미소가 눈앞에 아른거린다. 육 남매의 아들딸에게 삶의 그림자가 되어 어긋남 없이 자라도록 보살펴 주시던 아버지. 팔십의 향기를 남동생들과 가슴에 묻고 오던 날, 나는 연약한 아버지를 생전에 가까이 모시지 못한 한을 꺼내보고 또 꺼내보았다.

마음 밭에 뛰노는 빗소리

모든 사물이 지닌 소리는 마음을 비워야 각기 지닌 소리의 본질을 들을 수 있다고 한다. 그러나 습관처럼 널려 있는 갖가지 선입견에 길들여진 복잡한 마음의 감각은 순수성을 지니고 듣기엔 너무 동떨어진 현실에 우리가 살고 있는 것은 아닐까.

김수봉의 「누에 방에서」라는 수필 가운데 뽕잎을 먹는 누에를 비 오는 소리에 비유한 대목이 있다.

> 무성한 감잎에 소나기 몰려가는 소리는 누에가 한밥 잡혔을 때의 소리인데,
>
> 넉 잠을 자고 난 후에는 가장 왕성히 뽕잎을 먹어댄다

콩밭에 가랑비 내리는 소리는 누에가 석 잠에서 깨어나 뽕잎을 갉는 소리요

빗소리는 무심코 듣기만 해도 정겹게 들려온다. 더욱이 잠결에 어렴풋이 들려오는 가랑비 내리는 소리는 오랫동안 소식 놓고 지낸 허물없는 친구의 예고 없는 방문처럼 살가운 정서가 꿈결에 실려 몸 구석구석까지 파고든다.

며칠 전, 맨해튼에서 직장에 다니고 있는 딸 성지가 인터넷에서 구입한 CD 하나를 내게 보내왔다. 깨알 같은 글이 담긴 메모지엔 분주하게 사는 엄마에게 건강과 비옥한 시간을 기대한다는 관심 어린 마음 씀씀이가 딸아이를 보듯 쓰여 있다.

'Awakened mind Inc.'의 「FOCUS」라는 제목 안에 2장의 CD가 함께 들어 있다. 다소 기대와는 달리 144분 동안이나 이어지는 처음과 끝이 한결같은 빗소리와 물 흐르는 소리로 녹음되어진 명상음반에 가까운 것이었다.

귀에 꽂은 헤드폰을 타고 잔잔히 흐르는 초반의 비 오는 소리는 어디쯤에선가 연잎 위로 후드득하고 떨어진 빗방울이 '도르륵

도르륵' 소리라도 내듯 이리저리 굴러다니는 감각적인 느낌으로 전해오기도 하고, 한편에선 물 위로 낙수되어 떨어지는 빗소리가 담방담방 수면 위를 스쳐가는 물수제비의 날렵한 돌의 몸짓처럼 유토피아utopia의 세계로 발돋움하려는 소리의 음률같이 들려오기도 했다.

한치 앞도 내다볼 수 없는 미로와도 같은 삶의 미혹을 벗어나고픈 욕망 같은 것일까. 언제부턴가 비 오는 소리를 마음에 담아들면 참으로 잊고 지냈던 소중한 기억들이 향수처럼 모락모락 피어올라 이내 떨쳐버리기엔 못내 아쉬운 사람마냥 모질게 붙들고 있는 습관이 있다.

그것은 그림자와도 같은 향수를 마음에 품고 있는 것이 아니라 타다 남은 잉걸불 같은 자신을 빗소리와 함께 붙들고 있는지도 모른다.

어릴 적 생금 같은 남동생들과 비만 오면 자주 어울려 다니던 곳이 있었다. 연꽃 이름을 닮은 부용리芙蓉里란 우리 집이 있는 동네엔 아담한 연못이 있어 비 오는 소리가 나기 무섭게 약속이나 한 듯 연못으로 냅다 달려가곤 했다.

아이들은 연잎 위에 맺힌 구슬 같은 물방울이 신기하여 긴 꼬챙이를 가지고 연잎 가장자리를 툭툭 건드려 보기도 하고, 때론 청승맞게 비를 맞고 연잎 위에 움츠리고 앉아 있는 청개구리 새끼들을 귀찮게 구느라 연못으로 들어가 덤벙대며 짓궂게 놀던 어린 동생들이 실루엣처럼 떠오른다. 어쩌다 나는 한두 송이 연꽃을 남몰래 꺾어 집으로 가져가는 날에는 부처님 꽃에 함부로 들어가 손을 댔다면서 외할머니께서는 나를 두고두고 나무라곤 하셨다.

무엇으로 흐름을 건너가는 것일까. 몽매에도 그리는 다섯 어린 동생들과 가슴에 향기로 남아 있는 연꽃의 굳은 심지가 비와 함께 자주 연상되는 것은, 비록 흙탕물 속에 자라면서도 세속을 초월한 듯 청아한 모습으로 기품 있게 피어오르는 연꽃의 자태가 아직까지도 나를 붙들고 있기 때문이다. 이제는 희끗희끗한 중년의 머리로 엄마 같은 누나를 떠올리며, 염려 속에 다투어 안부를 묻는 탯줄과도 같은 동생들의 소식은 메마른 땅에 자근자근 뿌려지는 단비가 되어 마음 밭을 적시고 있다.

외할머니의 고수레

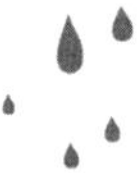

비둘기 한 쌍이 가게 철문 위에 좁은 공간을 차지하고 들어앉아 올겨울도 우리와 함께 나고 있다.

지난 더위에는 밖으로 품어내는 에어컨의 뜨거운 열기에도 개의치 않고 나무 가지를 물어다, 엉성하게 지은 더미 속에 상한 알을 품고 앉아 부화의 시기를 기다리는 어미 비둘기를 엿보며 인간의 모성애와 다를 바 없음을 느끼기도 했다.

새가 알을 깨고 나와 처음 마주치는 대상을 어미로 생각하고 따른다는 임프린팅(imprinting)현상을 떠올려보았다. 사다리를 타고 올라가 내심 시기적으로 부화된 앙증맞은 새끼를 기대했다가 뙤약볕에 부화시키지 못하고 한구석으로 내팽개쳐 있는 메추리알만

한 상한 알을 걷어내면서, 왠지 내 잘못인 양 마음도 편치 않았다.

성질이 유순한 비둘기는 사랑과 평화의 상징으로 표출되던 신성한 존재였다. 언제부턴가 쓸모없는 천덕꾸러기로 거리마다 빛을 잃은 비둘기들이 허기진 걸음으로 먹을거리도 없는 차가운 시멘트 바닥만 들여다보고 있다.

내 가게가 있는 상가 주변에도 '비둘기에게 먹이를 주지 마라.'는 경고의 팻말이 장승처럼 버티고 있어 오고가는 사람들의 시선을 잠시 멈추게 한다.

나는 이기적인 팻말의 글을 들여다볼 때마다 오래전 우리와 함께하다가 가신 외할머니의 '고수레'가 생각이 났다. 여섯이나 되는 고만고만한 어린 손자들과 바깥나들이를 나설 때마다 쑥을 버무린 떡이라든가, 삶은 옥수수나 감자를 손잡이가 있는 대나무로 짠 소쿠리에 가지런히 채워 넣고, 흰 천으로 덮개 삼아 씌우고 나면 우리들은 외할머니의 등을 떠밀다시피 하고 사립문 밖으로 나서서 잰걸음으로 소풍 길에 오르곤 했다.

자신이 손수 준비한 음식을 손자들에게 즐겨 나눠줄 때마다, 외할머니께서는 아무리 봐도 우리 눈에 보이지 않는 귀신에게 먼저 바친다면서, 골고루 음식을 조금씩 떼어 "고수레!"하고 한을 토해 내는 소리처럼 여운을 남기며 땅에 던지면, 어디선가 기다렸다는 듯이 새 떼들이 우르르 모여들어 흩어져 있는 음식을 쪼아 먹던 광경을 기억하며 이제야 외할머니의 속 깊은 마음과 함께 그 뜻을 알 것만 같다.

상가 주변엔 유난히 짝을 같이한 비둘기들이 많이 모여 산다. 위로 무겁게 길을 이고 나 있는 철길 난관 사이에도 옹기종기 비둘기들이 모여앉아 이야기꽃을 피우고 있다.

해가 질 무렵이면 어디서 날아드는지 수많은 새 떼들도 높은 나뭇가지마다 버찌처럼 매달려 하루를 마감하기도 한다.

새나 동물들은 서로의 소리와 지저귐으로 생존에 필요한 정보를 교환한다고 한다. 아마도 순박한 이민자들로 터전을 이루고 있는 이곳 코로나 지역의 때 묻지 않은 사람 냄새를 비둘기나 새들도 감지한 걸까?

인간의 본질은 세월이 흘러도 변하지 않는다. 예부터 평화의 상징으로 보존되어 온 비둘기들에게 굶주림만은 면할 수 있는 기본적인 삶의 질을 생각해보자.

오늘도 먹이를 찾아 거리를 누비는 천덕꾸러기 욕심 없는 비둘기들을 들여다보면서 "고수레! 고수레!"하고 목청껏 새 떼들을 불러들이던 외할머니의 뼈마디가 녹아내리는 듯한, 정한情恨의 소리가 나의 귓전을 맴돈다.

만삭의 몸으로 여는 계절

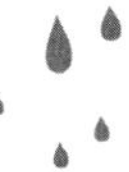

뉴욕 메츠(Mets)구장이 있는 루즈벨트 선상을 지나다 보면 철길 아래로 도독하게 보듬고 있는 코로나 상가지역이 나온다. 시월로 접어든 요즘, 출산을 앞둔 임산부들과 자주 마주치게 된다. 작달막한 키에 보름달처럼 솟은 둥근 배를 하고 한결같이 낙천적인 성품을 지닌 만삭 여인들의 밝은 모습에서 티 한 점 없는 가을 하늘을 들여다본다.

출산율 감소로 고민에 빠져 있는 한국과는 대조적인 현상을 지닌 이곳, 순박한 여인들의 느린 움직임을 바라보고 있노라면 70년대 초, 개업 조산원 시절로 누군가 살며시 나를 불러들인다.

선비의 소박한 성품과 함께 아침저녁 끼니를 이야기한 김관식 시인의 시 「옹손지」를 떠올리게 하는 빈약하고도 구차했던 시절. 그들에게 간절한 소원이 하나 있다면 자신을 닮은 아들을 낳아 대를 이어가는 것이었다. 그래야 죽어서도 조상 뵐 면목이 선다는 한결같은 고집이 다산을 부추기며 여자들의 일생을 볼모로 괴롭혔는지도 모른다.

집집마다 아기 울음소리가 우렁차게 울려 퍼지던 꿈같은 시절, 밤하늘에 떠 있는 달님에게까지 아들 낳기를 간절히 소망하던 여인들, 딸로 태어난 갓난아기의 부모이기를 거부하고 입양을 서둘렀던 비정한 아버지. 시앗을 보면 길가의 돌부처도 돌아앉는다던데, 지금쯤 어디선가 하얗게 늙어가고 있을 그들 맘속에 사죄의 팻말을 하나씩 가슴에 달고, 무지와 착오 속에 버려진 자신의 핏줄을 지금도 애타게 찾고 있지는 않을까.

해마다 시월은 어머니의 품속 같은 모습으로 오시는 것일까.

70년대 새마을운동과 함께 손잡고 들어온 가족계획사업 실천은, 잠시도 숨 돌릴 수 없었던 농촌 아낙네들의 자궁도 휴식을 선언하는 날이기도 하다.

뚝심 하나로 버티어 온 어른들에게 한 가정 둘만 낳기 운동은 무시로 드나드는 가족계획 요원들의 간곡한 부탁을 저버리지 못하고 조금씩 마음의 문을 열어가고 있었다.

마을마다 네 잎 클로버가 그려진 4H(head, heart, health, hand) 운동이 농촌 청년들에 의해 부지런히 전개되었고, 곳곳에 들어간 마을문고가 무지와 금기로부터 인성을 깨우쳐주던 40년 전, 지금에 와서 무엇이 그들을 되돌아보게 하는 것일까.

초대 새마을 영동군 연합회장을 지내셨던 어머니, 그리고 곁에서 말없이 어머니를 도우며 '둘만 낳아 가족계획 이 시대의 보국이다.'라는 표어를 직접 써서 자신의 검정 코로나 승용차 뒤편에 달고 시골 구석구석을 누비며 보사부장관 표창까지 받으셨던 아버지. 오늘날 이 어두운 현실을 내려다보고 무어라 말씀하실까.

아이를 낳을 수 있는 여인의 몸은 신성하고 고귀하다. 어떠한 물질적인 보조나 특혜로써 그들의 마음을 움직이기보다는 우리 모두가 고해성사하듯, 여인의 심성에 조용히 불을 당겨보자.

머지않아 온 동네가 쩌렁쩌렁 울리는 고국의 우렁찬 아이 울음소식도 모두 함께 듣는 날이 오길 간절한 맘으로 기원해본다.

어죽

어느 핸가 한국에 나가 아버지와 함께 지내다 온 적이 있다. 점심때가 되자, 아버지는 나에게 생선초밥을 사주겠다고 하시면서 집에서 한 시간 거리에 위치해 있는 대전으로 나를 데리고 갔다. 짧은 시간의 식사시간임에도 불구하고 아버지는 종종 때가 되면 먼 거리를 택해 나와 길을 나섰다.

몇 해 전 단짝이신 유 선생님마저 노환으로 돌아가시자, 아마도 적조한 시간으로부터 벗어나고자 하는 자신과의 방어의 시간인지도 모른다는 생각이 들었다. 생전에 친구분들과 잘 다니던 음식점에 가기 위해 부실한 치아임에도 불구하고 연로한 몸으로 길을 나서곤 하시는 아버지를 뵐 때마다 그들과 오고가며 나누었던 시간들을 추억하는 여행길 같은 것이 아닐까 하는 생각도 잠시 해보았다.

나는 아버지 곁에 머무는 동안 아버지의 아픈 치아를 치료해 드리기 위해 여러 번 병원에 모셔가려 했지만, 매번 완강히 거절하시는 바람에 뜻을 이루지 못했다. 지금 있는 치아 그대로 지니고 가시겠다면서 틀니나 발치를 거부하셨다.

치아와 위장이 튼튼하지 않은 아버지를 위해 소화가 잘되고 기력을 도와줄 음식을 찾다가 마침 이웃에 사시는 아주머니께서 '인삼어죽'을 소개해 주셨다.

이튿날, 금산에 있는 어죽 식당으로 아버지를 모시고 갔다. 생각보다는 입맛에 꼭 든다고 하시면서 맛있고 개운하게 드시는 걸 보고 그제야 마음이 놓였다.

내가 아버지를 마지막으로 뵙게 된 것은 그날도 점심 메뉴로 금산에 있는 식당에서 인삼어죽을 드신 후, 차를 타고 집으로 돌아가는 길이었다. 아버지는 평소와는 달리 상기된 모습으로 옛적 이야기들을 마지막인 양 딸에게 들려주었다.

이번 아버지의 기일에 맞추어 보름간의 여정으로 고향을 방문

했다. 아버지가 잘 드시던 인삼어죽이 생각이 나서 마른 인삼도 살 겸 둘째 올케와 금산시장을 찾았다. 6년근 홍삼 2곽을 사서 내게 선물한 올케를 따라 아버지가 노년에 잘 다니시던 식당으로 차를 몰았다.

식당 한쪽 벽면에 붙여 논 메뉴들이 소박하고 생소하다. 인삼어죽 6,000원, 빙어튀김 6,000원, 도리뱅뱅 7,000원, 빠가싸리 매운탕 40,000원, 민물새우튀김 6,000원.

아버지가 즐겨 드시던 인삼어죽 메뉴에 눈길이 닿자, 아버지 생각에 가슴이 뭉클해졌다. 올케와 인삼어죽 2인분을 시켰다.

별 기다림 없이 큼직한 양은냄비에 가득 담은 아버지의 어죽이 딸을 반기듯 상 가득 차려져 나왔다. 민물고기를 끓여 채에 바쳐 되직하게 걸려내고, 얇게 빚은 수제비와 국수, 쌀 그리고 인삼을 넣어 끓였다는 어죽이 배추김치, 나박김치, 오이김치와 함께 상에 올려졌다.

'후루룩 후루룩' 부드럽게 목을 타고 어죽이 내려가는데, 연신 땀을 닦으며 맛있게 '인삼어죽'을 드시던 아버지가 순간 떠올라 이내 뭉클한 기운이 나를 감쌌다.

냄비 바닥까지 남김없이 깨끗이 아버지의 어죽이 담긴 그릇을 비웠다. 그리고 뜨끈한 국물을 들이키면서 땀과 함께 범벅이 된 나의 눈가의 이슬들을 올케는 그날 눈치채지 못했다.

맛깔스런 음식

열흘 일정으로 잠시 동생들이 있는 고향 집에 다녀왔다. 오랜만에 보는 피붙이들인데 세월을 건너뛰는지 모두가 건강하고 얼굴빛마저 곱다.

끼니때마다 상에 차려진 음식 하나하나가 자연산에 정성이 깃든 건강식들이다. 민들레김치, 표고버섯볶음, 인삼무침, 가죽나물, 오이김치, 총각김치 그리고 매번 상에 빠짐없이 올리는 노르스름한 빛깔의 조기구이와 단백한 맛이 나는 구수한 된장찌개까지, 거의가 텃밭에서 얻어진 자연산 식품들이다.

흰 민들레 잎으로 담은 쌉싸래한 민들레김치의 질감이 입안 가득히 향을 이룬다. 공해에 민감하여 좀처럼 보기 드문 토종 흰 민들레가 공해가 없는 영동에 많이 자생한다는 것은 그만큼 청정지역임을 알린다.

오후엔 근처에 사는 넷째 올케가 포도밭과 복숭아밭에서 자란 흰 민들레를 호미로 뿌리째 캐어 큼직한 자루에 가득 담아왔다.

올케 옆에 바짝 다가앉아 빠른 손놀림으로 변신 중인 민들레요리를 지켜봤다. 멸치액젓과 고춧가루 매실원액 다진 마늘을 차례로 넣고 민들레 김치를 담아내고, 살짝 데쳐 들기름을 부어 민들레 나물도 무쳐놓고 그리고 어디엔가 부탁하여 민들레 즙까지 비닐포장이 되어 저녁 무렵쯤 집으로 배달이 됐다. 머무는 동안 냉장고에 넣어두고 한 봉지씩 틈틈이 꺼내먹곤 했으니 올케들 따라 나도 건강에 좋다는 흰 민들레 예찬론자가 된 듯싶다.

5년 전 올케가 유방암 수술을 받았다. 임파선까지 전이돼 항암치료와 방사선치료까지 받으면서 힘든 과정을 잘 견뎌낼 수 있었던 것은 토종음식과 흰 민들레 덕분이라고 한다. 한국에 도착할 때까지만 해도 올케의 건강이 걱정되었는데 건강한 모습을 대하고보니 안심이 되었다. 오히려 연약해 보이는 시누이를 위해 매 식사 때마다 두 올케가 오가며 음식에 정성을 쏟았다.

이튿날, 금산수삼시장에서 물오른 통통한 6년근 수삼 한 채를 사왔다. 부실한 시누이를 위해 면역력 강화에 좋다는 홍삼엑기스를 만들어 주겠다고 한다.

게르마늄으로 만든 홍삼탕기에 수삼 한 채를 넣고 중숙용기에 찌는 시간 12시간, 숙성시간 72시간, 각 단계마다 적당한 물을 붓고는 총 84시간 만에 연한 꿀 색깔의 홍삼엑기스가 인고의 과정을 거쳐 만들어졌다. 통통했던 수삼의 형체는 오간데 없고, 3일 반 동안 혹독한 과정을 치른 결과인지 진갈색으로 바싹 뭉그러져 있는 찌꺼기만 허망하게 남아 있다.

하루에 3잔씩 식간으로 정성을 다해 시누이인 나에게 바치는 올케의 홍삼엑기스를 받아들 때마다, 친정어머니의 따스한 온기 같은 것이 훈훈하게 와 닿았다.

참신한 얼굴에 느긋한 성격과는 달리 올케는 손맛이 좋다. 뚝딱하면 내가 온종일 서성거려도 못다 할 갖가지 음식들을 상 가득히 차려 내와 시누이의 입맛을 돋우곤 한다.

며칠 동안 계속된 황사와 끊임없이 내린 비로 인해 여행 계획에 차질은 빚었지만, 연로하신 주변 친지들을 언제 또 만나랴, 오늘이 그분들과의 지상에서 마지막 인사를 나누듯이 큰절을 올리며 건강히 지내시라는 인사에 글썽이는 주변 분들과 작별인사를 하고 헤어졌다.

뉴욕으로 떠나오는 날, 동생들이 다투어 챙겨주는 갖가지 마른 나물과 표고버섯, 인삼 등을 가방 가득 담았다. 그리고 올케가 공항에서 살며시 내게 건네준 '맛깔스런 음식' 만드는 법이 적힌 작은 노트를 손에 꼭 쥐고 못내 아쉬운 표정을 짓고 서 있는 동생들을 뒤로하고 홀연히 출구를 빠져나왔다.

아버지의 갈대밭

변사 없는 무성영화 색 바랜 화상이 시절 타고 틈틈이 들어와 박혀버린 얽히고설킨 쭉정이 갈대 틈새로 호연지기 의연히 젊은 아버지가 빙긋이 웃고 서 계신다.

삼복염천에 달콤한 술찌끼 밥 먹듯 포식한 헤실헤실한 여섯 아이들과 홍시 같은 설운 뺨을 비겨가며 잠자리 날개보다 더 가벼운 몸짓으로 춤추던 빈곤의 아버지가 나를 보고 빙긋이 웃는다.

장대 같은 비에 발이 묶인 고만고만한 철부지 어린아이들과 이사 떠나는 어미 꼬리에 꼬리를 물은 쥐들의 긴 이사 행렬을 보면서 스무 번의 이삿짐 속에 열병같이 아리던 아버지의 누런 갈대밭이, 이국만리 뉴욕 땅에 홀연히 들어와 황혼빛 붉게 물든 치마폭에 나는 아버지의 오래된 무성영화 한 편을 고이 펼쳐 놓는다.

억새와 노인

4층 노인 아파트 한 채가 버스정류장 뒤쪽으로 붉게 자리하고 있다. 편리한 주변 환경 때문인지 보통은 10년 이상은 기다려야 입주 허가를 받을 수 있다고 한다.

오래된 나무의자 두 개가 길게 마주하고 있는 아파트 마당 한쪽엔 남색 비치파라솔이 달려 있는 둥근 철제 테이블과 붙박이 의자가 놓여 있다. 어쩌다 이 앞을 지나다 보면 깔끔하게 차려입은 대여섯 노인들이 테이블에 둘러앉아 카드놀이를 하며 오순도순 이야기를 나누며 즐기고 있는 모습을 볼 수 있다.

유난히 한파가 심했던 지난겨울이었다. 아파트 도로변에 짚볏단처럼 묶여 세워진 세 그루의 누런 풀무더기와 마주하게 됐다.

뭘까? 하고 한동안 궁금해 오다가 잠시 잊고 지냈는데, 어느 날 산책길에 이 앞을 지나다가 누런 잎 틈새에서 초록 잎들이 다투어 올라오고 있는 걸 보았다.

6~7월로 접어들자, 은은한 연두색 빛을 띤 초록 잎들은 더욱 풍성하게 돋아나 고즈넉한 잎의 자태가 수묵화가의 노련한 붓질로 탄생시킨 난 잎을 연상케 하기도 했다. 잎 중앙엔 흰 줄이 길게 나 있고, 위로 솟아 있는 은색 풀들은 부드러운 감촉마저 느끼게 했다.

고운 잎새에 가만히 손을 대고 훑어내리다 흠칫 놀라 손을 뗐다. 잎 가장자리에 톱니 같은 날카로움이 도사리고 있는 걸 몰랐다. 허투루 제 몸을 허락지 않는 무명의 풀잎, 알고 보니 억새였다.

어느 햇살 가득한 늦가을, 울타리처럼 경계하고 서 있는 세 그루의 억새풀을 지척에 두고 노인들이 테이블 가까이에 모여앉아 소곤소곤 이야기꽃을 피우고 있는 한편에 보랏빛 스웨터를 어깨에 걸치고 나와 앉아 책을 읽고 있는 단아한 체구의 여인이 눈에 들어왔다. 그리고 그녀의 헝클어진 백발의 은빛머리가 억새와 나란히 나의 시선을 끌었다.

조막손처럼 보듬은 하얀 억새꽃이 곧 시간 여행이라도 떠날 것 같은 비상의 몸짓을 하고 노인의 은빛 머리 위로 나비 환이 되어 금시라도 날아갈 것 같은 이미지로 내게 다가왔다. 아! 한순간 삶도 저토록 신기루 같은 허상일까. 눈앞에 펼쳐지는 고혹한 은빛 고령들의 일렁이는 빛 무리에 산화돼가는 억새와 노인의 일생이 꿈결같이 묻어났다.

며칠 전, 너싱홈에 계시는 어머님을 찾아뵙고 왔다. 어머님 방이 있는 8층 엘리베이터 문이 열리자마자 일제히 내게 시선을 모으고 있던 노인들, 한결같은 휠체어에 연약한 몸을 의지하고 데스크 앞에 빙 둘러앉아 간호사들의 일거일동을 어린아이가 엄마 곁을 맴도는 것 같은 시선으로 바라보고 있는 노인들 틈에서 어머님의 나직한 음성이 들려왔다.

"에미 왔냐!"

주름진 얼굴 위로 활짝 미소를 띠며 반기시는 구순의 어머님, 요즘 부쩍 생사를 알 수 없는 남동생들 이야기를 자주 하신다. 20대의 건장한 남동생들이 9·28 서울수복이 되자 패주가 되어 돌아가던 북한군들에 의해 집 안에 숨어 있던 남동생 셋을 강제로

끌고 갔다고 한다. 소식조차 알 수 없는 동생들의 짧은 생을 자주 안타까워하며 생생하게 가둬두었던 지난 기억들을 반추하곤 하신다.

건강한 육신과 든든한 자식이 가까이 있다는 건 축복 같은 부러움의 대상일 게다. 작아진 몸피만큼이나 가벼워진 노년의 삶, 동아줄 같은 서사가 노니는 노인 아파트 마당 한가운데는 느림의 미학이 허허로운 도라지꽃처럼 피어나고 있다. 촌음처럼 짧다는 세상의 시간도 잠시 뒤로하고 시종始終과 생사生死의 선을 뛰어넘은 억새의 꿈만이 오롯이 일렁이는 햇살에 빛을 발하고 있다.

3

바위에게 길을 묻다

부유하는 마음

성장기의 내 아들은 출가한 스님처럼 자주 삭발을 했다.

자신의 심경변화를 삭발로써 새로운 구상을 각오했는지는 몰라도 소중하게 매만지던 자신의 부드러운 머릿결을 과감히 면도날로 밀어붙이고 말없이 얼굴을 내미는 아들의 모습은 허무하게 깎여져 내린 텅 빈 머리와 함께 아들의 부유하는 마음을 들여다보는 것 같아 잔잔한 파문이 일었다.

모든 부질없는 생각은 마음의 소생이라고 했던가. 타고난 성질이 매몰차지 못하여 하는 일마다 용두사미 격으로 흘러버리니 곁에서 이를 지켜보고 있는 우리는 잘 나가다 병목현상을 만난 지점처럼 함께 가슴앓이를 하곤 했다.

맏손자에게 유난히 정이 깊던 시어른들의 자애하신 얼굴 모습을 떠올릴 때마다 민망하게도 나는 심기가 먼저 불편해져왔다. 나 한 사람이 이 세상에 태어나기까지는 많은 수의 조상들의 희생적인 헌신과 선한 의지가 깃들어 있다고 한다. 위로는 욕심 없이 살다간 선대가 계시고, 아래로는 힘찬 뿌리를 내리며 다가올 후대가 이어져 있어 인간의 삶도 자세히 들여다보면 씨줄과 날줄처럼 이어져가는 인간의 경계성 있는 본성의 궤도와도 같은 것인지도 모른다.

학생의 본분을 가끔씩 내려놓고, 엉뚱하게도 삭발로써 변화를 모색하며 허공 속에 성을 쌓아가던 성장기 아들을 바라볼 때마다, 나는 평상시엔 아무 생각 없이 지나치던 도로변 곳곳에 심어져 있던 어린 나무들에 자주 눈길이 갔다. 곧바르게 제 힘으로 자랄 수 있을 때까지 양옆에 세워둔 지지목에 어린 나무를 고정시켜놓은 풍경을 자주 들여다보면서, 심리적으로 안정되어 있지 않는 아들의 어린 시기에 일에만 매달린 자신을 책망해 보기도 하고, 한편으론 회초리 없이 사랑으로만 품어 키우던 어른들께 어리석게도 양가감정의 서운함을 가져보기도 했다.

어느 날 이른 아침, 아들은 누군가와 암호 같은 짧은 대화를 주고받더니 차 엔진소리와 함께 집을 나간 후 연락이 닿지 않았다. 겉모습과는 달리 리버럴한 사고방식을 지니긴 했어도 방종하지 않고 선한 감성을 지닌 아들인데, 나는 별 탈 없이 돌아오길 초조히 기다리고 있던 늦은 오후 시간, 아들은 여느 때보다도 활기찬 모습으로 들어섰다.

아들은 야속하게도 부모와 상의 한 번 없이 해군에 지원하여 시험은 물론 모든 과정을 순조롭게 마치고 하사관과 함께 훈련지에서 교육을 받고 오는 길이란다. 군대에라도 다녀오면 정신이라도 개벽될 것 같다는 농담을 평소 별 뜻 없이 해왔는데, 나는 아들이 모든 걸 접어두고 곧 군인으로 떠난다는 사실에 당황하여 눈앞이 캄캄해지기도 했다.

그러나 군인처럼 삭발한 머리에 잔뜩 새로운 도전에 부풀어 있던 내 아들은, 천식환자로 오인되는 바람에 마지막 의사와의 인터뷰에서 좌절되고 말았다. 어릴 적, 심한 기침으로 인해 의사가 임시 처방해준 천식 스프레이를 사용했던 적이 있는데 잊지 않고 사실대로 이야기한 것이 다행히도 문제가 되고 말았다.

책상 앞에만 앉으면 엉덩이가 근질거려 온다는 지구력 없는 아들은, 예고 없이 치른 뉴욕 경찰관 시험 합격통지서가 집으로 배달되자, 또 한 번 의미 있는 삭발을 감행했다. 그리고 조만간 경찰학교에 입교될 것이라는 들뜬 아이의 표정을 읽은 것 같은데, 이마저 원점으로 돌아가고 말았다. 의사와의 심리 테스트에서 가끔 우울할 때가 있다고 한 마디 던진 말이 걸림돌이 되고 말았다.

자주 삭발을 감행하고 새로움을 모색해왔던 아들은 그 후 몇 해가 지나서야 뒤늦은 공부를 위해 안간힘을 쓰며 진지한 예전의 모습으로 돌아갔다. 그리고 미열처럼 앓고 있던 나의 마음도 함께 내려놓았다.

이틀 전, 혼자 나가 사는 아들이 잠시 집에 다니러 왔다. 여전히 아들 머리로 눈길이 먼저 갔다. 다소 머리가 길어 보여 "머리 자를 때가 되었구나."하고 말하자, 아들은

"엄마! 기계로 머리를 전체 밀까요?"하며 짓궂은 표정으로 나를 바라보며 웃는다.

'흔들리지 않고 피는 꽃이 어디 있으랴' 지난 아들을 떠올리며 문득 도종환 시인의 시가 생각이 나 옮겨 적는다.

'흔들리지 않고 피는 꽃이 어디 있으랴/ 이 세상 그 어떤 아름다운 꽃들도/ 다 흔들리며 피었나니/ 흔들리면서/ 줄기를 곧게 세웠나니/ 흔들리지 않고 가는 사랑이 어디 있으랴……'

—「흔들리며 피는 꽃」 부분

금동반가사유상

한국의 국보 제83호인 '금동반가사유상'이 130여 점의 신라시대(400~800년) 황금유물들과 함께 뉴욕에 왔다.

뉴욕의 메트로폴리탄박물관에서 열린 '황금의 나라 신라'(Silla : Korea's Golden Kingdom) 특별전은, 서구에서 처음 갖는 신라전시유물전으로서 역사적으로도 큰 의미를 갖는다고 한다.

11/4/13~2/23/14까지 넉넉한 전시 기간에도 불구하고 금동반가사유상을 가까이에서 볼 수 있다는 맘으로만 가득했다.

전시 오픈 이튿날, 전철을 두 번이나 갈아타고 맨해튼 86가에서 내렸다. 메트로폴리탄박물관이 위치해 있는 5th Ave와 만나는 82가까지 걸어서 내려가다 보니, 거리 곳곳에 천년의 미소를 머금고 반가부좌로 앉아 있는 금동반가사유상의 모습이 담긴 스트리트 배너들이 거리를 가득 메우고 있었다. 형용할 수 없는 기쁨이 환하게 가슴을 적셔왔다. 이번 전시와 교육 프로그램을 후원한 한국의 삼성에게도 감사한 마음 가득했다.

신라전이 있는 1층 특별전시실 입구에 들어서자, 디지털프로그램된 신라 왕릉의 황남대총의 영상물을 대형 화면으로 보여주었다. 주변 사물들의 세심한 움직임까지 놓치지 않은 영상은 경주에 온 듯한, 착각마저 들게 했다. 조심스레 전시장 안으로 발걸음을 옮겼다. 신라의 정교한 기술로 만들어진 국보 191호의 화려한 황남대총 금관이 천 년의 위용을 자랑하며 황남대총 금제 허리띠와 먼저 소개되었다. 3개의 주제로 나눠져 일반에게 공개된 이번 신라전은, 1부에서 5, 6세기 신라왕족과 귀족들의 출토품을 보여주고, 2부엔 글로벌 신라를 엿볼 수 있는 신라 고분에서 나온 중국의 자기, 로마의 유리잔, 흑해지역에서 제작한 단검들이 당시의 신라인의 유라시아와의 문물교역의 왕래를 짐작게 했다. 금동반가사유상과 불교미술품은 3부에 전시해 놓았다. 입자화(Granulation) 기법을 이용해 만든 미세한 금 알갱이들로 뒤덮인 국보 90호 경주부부

총 귀걸이는 많은 관람객들로 신라의 세공법에 많은 관심을 갖는 것으로 짐작되었다.

이번 전시의 하이라이트인 금동반가사유상(Bodhisattva in pensive pose) 앞에 조용히 다가섰다. 투명한 유리 상자 안에 독보적인 모습으로 자리하고 있는 금동반가사유상. 관객들이 불상을 마주할 수 있도록 아늑한 장소에다 전시장을 꾸몄다고 한다. 천장에 달린 7개의 작은 불빛이 반가사유상을 은은한 모습으로 비추고 있었다. 사방으로 반영된 불상의 이미지가 곳곳에 현신한다는 부처의 모습인 양 착각마저 들게 했다. 짙게 그린 듯한, 선명한 이목구비. 검지와 중지 두 손가락을 살짝 오른쪽 빰에 대고 알 수 없는 미소를 머금고 앉아 있는 불상은 준엄한 기운까지 감돌게 했다. 꼼지락거리는 듯한, 생기 있는 오른편 발가락의 시선과 함께 천 년 시간의 환생인 냥, 정교한 예술혼까지 담고서 내 마음을 깊숙이 흔들어 놓았다.

바위에게 길을 묻다

내게 있어 바위는 마음속 화두와도 같다. 묵묵히 침묵으로 일관하는 바위 앞에 서면 왠지 자신도 모르게 경건해지는 마음을 감지할 수 있고 때론, 평온한 마음으로 대상과 감정이입이 되어 요지부동한 그들에게서 자화상 같은 자신의 내면을 엿보기도 한다.

언젠가 수십 미터 아래에 있는 바위들을 300mm 망원렌즈로 들여다보고 그들의 모습을 카메라 앵글에 담아 온 적이 있다. 그들에게 생명을 부여하고 이미지화시킨 피사체 하나하나가 지금도 내게 와 무언의 몸짓을 한다.

쓸모없는 뿌다구니 같은 돌에도 곱게 물든 넝쿨이 가까이 다가가 바위와 교감을 하고, 은밀히 갈라진 바위 틈새로 홍건히 적신 옥수와 같은 바위 모습은 신비의 여성성을 의식화하기도 한다. 빠끔히 얼굴만 내민 돌고래와 코끼리 두상 같은 모습도 담아보고, 한편엔 푸른 이끼를 온몸으로 감싸고 홀로 물가에 앉아 아득한 수평선을 바라보고 있는 태극 문양과 대머리가 연상되는 아련한 바위에선 기다림의 미학을 떠올려 보기도 한다.

화씨 100도를 오르내리는 7월의 더위도 아랑곳없이 15명의 문우들이 사전에 약속된 현대미술가 이우환 씨의 전시된 작품(2011년 6월 24일~9월 28일)을 감상하기 위해 맨해튼 5th Ave에 위치해 있는 '구겐하임 박물관'에서 만났다. 미술을 전공한 노려 수필가의 안내로 이우환 작품을 먼저 감상한 후, 서너 블록 사이에 있는 '메트로폴리탄 박물관'으로 자리를 옮겨 전시 중인 15~16세기 한국의 민속 공예품인 '분청사기전'까지 감상하기로 한 날이다.

한국인으론 2000년 비디오 아티스트 백남준에 이어 두 번째로 회고전을 연다는 이우환 씨의 작품은 나선형으로 된 구겐하임 미술관의 흰 건물 6층까지, 그의 얼이 깃든 60년대에서 최근작 90여 점의 작품들로 여유 있게 공간을 메우고 있었다.

굵직한 붓 터치, 살아 움직이는 듯한 작은 점선들, 그리고 자연석을 그대로 옮겨 놓고 단순한 배경으로 설치된 작품들, 점 하나를 찍기 위해 3일을 고심하고 찍었다는 그의 점들은 무엇을 의미하는 것일까!

그림이라는 고정관념도 피상적인 생각들도 그리고 뭔가 있겠지 하는 기대조차도 버리고 마음을 비워야 대상과 이심전심으로 마음이 와 닿아 제대로 이해할 수 있다는 이우환의 작품 앞에 섰다.

덩그러니 묵언 수행하듯 앉아 있는 바위들에게 왠지 눈길이 간다. 부드러운 조명 아래 앉아 있는 한 개의 바위가 제 분신인 양 3개의 그림자를 나란히 옆으로 그려 놓았다.

진면목 같은 자신의 그림자와 조명으로 빚어진 또 하나의 그림자가 인위적으로 그려 놓은 회색 그림자와 어울려, 감상자로 하여금 마음 문을 열고 형태 속에 그려진 자신들을 조우하면서 생명력 있게 봐 달라고 조용히 속삭이는 듯하다. 한편엔 큼직한 네모의 블랙 철판을 마주하고 앉아 제 그림자를 반영하고 침묵으로 일관하고 있는 또 하나의 바위는 무얼 의미하는 것일까?

대상을 보려는 성급함에 마음 비우기가 그리 녹록지는 않다.

순수함과 여백의 미를 담은 바위들의 작품을 뒤따르다가 이번엔 선사 앞에 좌선하고 앉아 수행정진을 하듯 각자 방석에 앉아 있는 크기와 모양새가 다른 6개의 바윗돌과 그들의 스승인 듯 여운을 주는 그들과 크기에 차이가 있는 바위를 만났다.

왠지 사찰 안의 선방을 엿보는 것 같은 신비스런 마음이 스멀스멀 인다. 단단하면서도 소박하고 무심한 듯 침묵으로 앉아 있는 저 바위들이 표현하고자 하는 심상의 언어들은 또 무엇을 말하고자 하는 것이었을까.

언젠가 '시심마'라고 적힌 작은 봉투 속 글을 스님으로부터 건네받았다. '이 마음이 무엇인가'라는 불교의 화두로 끊임없이 자신에게 던지는 화두란다.

나는 바위 앞에 서서 나의 이면의 본질을 들여다보고 있다. 광활한 우주와 대자연을 품고 언제나 넉넉한 품성으로 인간에게 묵언으로 조용히 다가서는 바위의 습성, 그들은 생명을 지닌 인간들의 이미지 속 해학이요 영혼의 의지처가 아닌지……. 시각적인 작품의 생명력은 기운의 생동에 있어 훌륭한 작품일수록 투명한 차원을 연다고 말한 작가의 의도라면 나의 무지는 충분히 그 값에

다가가고 있는 게 아닐까.

같은 사물을 감상하더라도 각자 보는 시각에 따라 표현되는 이미지가 다르게 보인다던데, 마음으로 대상을 품지 못하고 눈으로만 느낀 나의 좁은 시각인지 일본인들의 전통과 자존심, 그리고 끈기 있는 민족성과 정신문화를 대변하는 것 같은 느낌이 드는 이우환 씨의 예술혼은 나로 하여금 한동안 안개 속을 헤매듯 혼란이 일게 한다.

삼성의 기업 이름이 스폰서로 눈에 들어온다. 태생은 한국이나 대학 졸업 후 일본으로 건너가 40년 이상을 한국계 일본인으로 살면서 세계적인 작가로 성장한 배경에는 물심양면으로 도움을 받은 일본이라는 나라가 있지 않은가.

화랑 입구 복도에 설치된 이우환의 입체 작품 하나를 카메라에 담아 왔다. 단단한 철판 두 개가 서로 기대어 세워져 있는 좌우로 바위가 하나씩 놓여 있다. 바위의 생김새를 보고 누군가 남녀 구별을 둔다. 화해할 수 없는 두 집안의 힘자랑에 희생양이 된 두 남녀의 애절함, 누군가는 그 모양새가 남북 간의 이념 대립 같은 장벽이라고 넌지시 운을 뗀다. 계속되는 의문부호가 나를 괴롭힌다. 뭘까? 그의 작품 곳곳에 침묵으로 일깨워 주는 의식의 흐름이 오늘따라 내 무딘 촉수가 저항한다. 나는 어느 틈에 미지 속 내 마음의 행로를 바위에게 묻고 있었다.

타다 남은 초

집 안을 정리하다 타다 남은 초가 든 작은 상자를 찾아냈다. 몇 해 전 Queens로 이사를 나오면서 과감히 정리하지 못하고 이삿짐 속에 넣어 온 것이다.

우리 집은 육 남매의 맏아들로 어머님을 모시고 살면서 일 년에 다섯 차례 정도 조상을 위한 제사 의식을 갖는다.

20여 년 동안 다른 문화 속에 길들여 살아오면서 애착을 갖고 간직해 온 초 하나하나는 나에게 큰 의미를 부여한다.

제사 때마다 다소곳이 촛대에 앉아 자신의 몸을 태워 주위를 환히 밝혀 주던 촛불의 매력에 나도 모르게 조금씩 나방처럼 빠져 타들어 간 적이 있다.

위로위로 날갯짓을 하며 고독히 치솟는 영혼의 불꽃을 본다. 한 개의 초에 불이 당겨질 때마다 지내온 삶의 희로애락과 갖가지 상념을 고인 영전에 기복신앙처럼 까맣게 타들어가는 마음의 심지를 쓸어내리곤 했다.

올해로 여든이 되는 어머니는 돈독한 불교신자이시다. 이른 아침이면 정갈한 모습으로 앉아 촛불을 밝히고 관세음보살의 염원을 뇌이며 한 알 한 알 박혀 있는 염주알에 자신의 남은 생을 헛되지 않게 헤아리곤 하셨다.

항상 곱고 평온한 어머님의 모습이 언제부터인지 얼굴에 그늘이 드리워졌다. 뒤늦게 안 사실이지만, 큰시누이께서 어머니에게 여러 차례 개종을 종용하신 것 같다. 정신적으로 연약한 어머니께서는 종교의 갈등을 겪으면서도 전혀 내색을 않으셨다. 혼자서 마음고생만 하신 것 같다.

불교의 가르침은 견과 상을 없애는 것이라 했다. 어떤 관념이나 틀 속에 갇혀 있는 것이 종교가 아니라 우주 전체가 종교인 것이다. 사람은 나이가 들어가면서 마음을 비운다고 한다. 그러나 물질만큼은 초월하지 못하는지 인간의 욕심은 언제나 손안에 있다.

어머니는 팔순의 나이에 딸의 종교로 개종하셨다. 인연 따라 살다 가는 것이 보살의 행위라면, 어쩌면 나의 어머님은 딸 집안의 평안을 위해 자신을 태우는 불보살로써 개종하신 것이다.

오늘 따라 타다 남은 초 하나하나에 깃든 내용이 어머니의 타고 남은 모습과 같아 초 하나를 꺼내 조용히 심지에 불을 붙여본다. 파란 불꽃이 잠시 일더니 호르르 수직을 향해 날렵한 불꽃이 피어오른다.

갸름한 타원형의 불꽃 속에 후광처럼 심지를 두르고 있는 또 하나의 불꽃같은 이미지가 물방울 모양의 광배光背 앞에 서 있는 고려불화 「수월관음도」를 떠오르게 한다. 수월관음 발치에서 두 손을 모으고 서서 친견하는 구도자 선재동자의 모습이 마치 제사 때마다 촛불을 켜고 고인들 앞에 서서 거듭나기 위해 영혼을 갈구했던 나 자신을 들여다보는 것만 같다.

중생들의 고통과 치유의 약수로 쓰였을 수월관음 손에 든, 저 정병과 버들가지들은 나의 허허로운 마음을 달래주려나.

한정된 시간을 달리던 촛불이 조용히 눈물 같은 촛농을 흘려보낸다.

명상 중인 돌부처

어릴 적 친구들과 놀다 해 질 무렵 집으로 돌아온 초등학생 아들이 다소 상기된 목소리로 "뒷산에서 놀다가 부처님처럼 생긴 바위를 봤어요!"하고는 내일 일찍 가 보자고 조른다. 이튿날 아침 돌부처를 봤다는 장소로 아들을 따라 나섰다. 길도 나지 않은 숲속 외진 곳을 덤불을 헤치고 깊숙이 들어가 보니 형체도 알 수 없을 만큼 전신에 흙과 이끼를 잔뜩 뒤집어쓰고 반쯤 기울어진 자세로 수풀에 가려져 있는 돌 부처상을 찾아냈다.

이런 외진 곳에서 불상을 만난다는 것은 참으로 뜻밖의 일이다. 누가 이런 깊숙한 곳에다 불상을 갖다 놓았을까? 그리고 한두 번 절에 따라가서 봤던 부처상을 기억해낸 철부지 어린 아들의 눈에 띄었다는 것도 아마도 우리 집과의 인연이 있지 않나 싶어 망설임 없이 곧장 집으로 모셔왔다.

숲 속에 오랫동안 방치되어 있어 모습을 가늠키 어려울 만큼 곳곳에 풍화되고 이끼가 온몸을 감싸고 있었다. 큰 양은 대야에 물을 가득 담아 전신이 잠기도록 들여놓고, 이틀 동안이나 정성을 다해 온몸을 고루고루 닦아내자, 마침내 식구 모두가 궁금했던 돌부처의 형상이 오롯이 보이기 시작했다.

지그시 두 눈을 내리고, 온화한 표정으로 삼매三昧에 든 돌부처, 순박하고 앳된 모습이 쳐다만 보아도 절로 미소를 머금게 한다.

결가부좌結跏趺坐하고 앉아 왼발이 오른쪽 다리 위에 얹어 있는 걸 보면 '길상좌吉祥坐'의 발 형상을 하고 있는 듯하고, 두 손의 모양은 극락세계의 9품 중 가장 훌륭한 위치에 있다는 '상품상생上品上生'의 손 형상을 하고 있었다.

언젠가 사진을 곁들인 불교서적에서 보았던 부처의 좌정한 모습을 설명한 이미지가 선명하게 떠올랐다. 아마도 불심 깊은 어느 석공에 의해 정성으로 빚어졌을 불상은 33센티미터 크기의 아담한 체구와 수려한 이목구비가 모두 귀한 상을 하고 있다. 조용히 다가가 들여다볼수록 잔잔한 기운이 전해져오는 것만 같은 신비로움을 지니고 있다.

한땐 어머님 처소에 오랫동안 수호신처럼 자리하고 있었다. 지금은 거실 한쪽으로 나와 좌정하고 앉아 20여 년 버팀목 같은 세월을 함께 보듬고 있다. 때론 부질없는 생각들에 조용히 타이르듯이 마음 문을 열어주고 힘을 실어 주는 돌부처, 온전히 마음을 비우고 심신을 기울여야만 이심전심 와 닿는다는 부처님의 염력 앞에 한없이 잦아들던 고해성사 같은 마음 한 자락. 불교의 교리 전체가 담겨 있다는 '팔만대장경'도 한마디로 요약하면 마음(心) 한 자에 있다고 하지 않던가.

수줍은 듯 살포시 감은 눈과 입 언저리엔 언제나 잔잔한 미소가 어리어 격 없이 살갑게 다가온다. 때론 뜬금없이 명상 중인 부처님의 청아한 독경 소리가 듣고 싶어질 땐 살며시 다가가 귀를 기울여보기도 한다.

고타마 싯다르타가 깨달음을 얻고 난 후, 연꽃 한 송이를 들고 단상으로 나와 아무 말 없이 긴 침묵으로 일관하자, 제자 마하가섭만이 침묵의 순간을 이해하고 빙그레 미소를 지었다고 한다. 가섭과 한마음이 된 붓다는 손에 들고 있던 꽃을 마하 가섭에게 전해주고는 "말로 할 수 있는 것은 이미 그대들에게 모두 말했습니다. 이젠 말로 할 수 없는 것을 마하 가섭에게 줍니다."라고 대중들에게 말을 했다고 한다. 붓다의 설법 중에 가장 위대한 가르침으로 전해져 오고 있는 '염화시중의미소'인 무언의 설법이다.

오늘은 거실 한쪽에 좌정하고 앉아 화두로 정진하고 계시는 부처님 앞에 차 한 잔 곡진히 대접해야겠다. 시공을 초월한 경계 없는 침묵 앞에 언제나 이심전심 와 닿는 '무언의 설법'을 전하고 계시는 명상 중인 부처께 감사의 인사라도 지극 정성으로 올려야 하지 않겠는가.

피고 지는 꽃처럼

호수 위에 핀 수련을 보러 아침 일찍 크로체론 파크로 산책을 나갔다. 돌아오는 길에 집 가까운 도서관에 들러 두 할머니의 웃는 모습이 담겨져 있는 다큐멘터리 「Sunset Story」를 빌려다 보았다. 노년의 어머님이 계시어서인지 집 밖을 나서면 자신도 모르게 '느림의 미학'이 있는 곳에 자주 시선이 가곤 한다.

'Sunset' 이야기는 늙음을 다른 각도로 유추할 수 있는 재미있고 정감 있는 실화이다. 휠체어와 크러치에 의지한 Iria와 Lucill는 양로원에서 친구로 지내면서 매사에 긍정적이고 열정적인 마음과 가치관으로 노인들 특유의 기지와 유모를 만들어낸다. 비록 죽음이 내일 닥친다 해도 목숨이 있는 한 늙어감의 비애에서 벗어나

적극적인 자세로 삶을 이어가는 밝은 이야기들이 마음에 와 닿았다.

내게도 구순을 바라다보는 소녀 같은 마음을 지닌 어머님이 살아계시다.

고령의 몸을 휠체어에 의지하고 지내셔도 오롯한 자신만의 공간을 고집하며 수시로 자존감 상실을 염려하는 온화한 성품을 지닌 어머니 그 어머니가 내겐 큰 버팀목이 되어 주신다. 작은 몸피를 소파 깊숙이 묻고 처연한 모습으로 앉아 계시는 어머니를 뵐 때마다 나는 바위 틈새에 피어 있는 한 송이 노 고초를 떠올리곤 한다.

이민 세대가 장년기로 접어들면서 문화의 차이에서 오는 어려운 과제들이 난해한 숙제처럼 남아 있다. 고국의 정서와 문화 속에 길들여진 많은 부모 세대들은 미국의 양로원이란 옛적 고려장과 같다는 의식을 여전히 지니고 계심인가, 그러나 그 '고려장'이란 곳을 피해갈 수 없는 현실이 닥쳤을 때는 부모와 자식 간의 마음 아픈 사연을 간직한 채 많은 분들이 그곳에서 노후를 보내신다.

"언젠가는 곁에 계신 부모님도 가족의 손이 필요치 않을 때가 올 것입니다. 그땐 최첨단 의료장비와 각 분야 의료진이 24시간 상주하고 있는 양로원에서 안전한 보살핌을 받아야 합니다."

촉촉한 눈망울을 지닌 내과의사의 단호한 한 마디가 찡하니 가슴에 소를 이룬 적이 있다.

이 세상에는 그 누구도 할 수 없는 다섯 가지 '카르마 업'이 있다고 한다. 늙지 않는 것, 병들지 않는 것, 죽지 않는 것, 멸해야 할 때 멸하지 않는 것, 다해야 할 때 다하지 않는 것이라 한다.

세상이란 넓은 무대를 배경 삼아 자유자재한 삶을 살다 언젠가는 빈손으로 돌아가야 하는 본향 길…….

얼마 전, 17년간 양로원에서 연명치료를 받아왔던 지인의 어머님께서 주무시듯 눈을 감으셨다. 곱게 차려입고 천국의 길로 떠나신 고인의 모습이 한 송이 꽃처럼 떠오른다. 문득 '꽃은 지기 때문에 아름답다.'고 하던 문우 박영숙 시인의 「꽃」이 생각이나 지면에 옮겨본다.

꽃은 지기 때문에 아름답다지/ 정한 꽃잎 뚝- 뚝- 져가는 네가 처연해 보일 때마다 위로 삼아 그렇게 중얼거렸다/ 일 년 삼백육십오

일을 거기 피어 있어도 네가 더없이 아름답게 기억되고 있을까/ 누가 나를 떠나 미어지게 가슴 아팠던 그때 나는 비로소 그리움을 배웠거든/ 그러니 나는 그저 침 한 번 꿀꺽 삼키면서 너를 보낸다/ 꽃은 지기 때문에 아름답다지.

―「꽃」 전문

비워 있음은 언젠가는 가득 채울 수 있는 끝없는 가능성을 지닌다고 한다.

피고 지는 꽃처럼 생성과 소멸은 겉과 속 같은 양면성을 지닌 성질이 아니라 언제나 우리들 삶 속에 들어와 나란히 함께하는 젓가락 같은 것이 아닐는지.

플라타너스

S라인처럼 길게 나 있는 동네 가로수 길을 따라 아침 산책을 나섰다. 3층 높이의 아파트 단지를 지나 20여 분 빠른 보폭으로 걷다보니 Little Neck Bay을 끼고 있는 공원 검문소 앞에까지 닿았다. 이쯤에서 되돌아갈까 하다가 마주친 게이트 안내원과의 짧은 눈인사로 통과의식을 치르고 팍 안으로 들어섰다.

전방에 놓여 있는 세 갈래길에서 잠시 머뭇거리자, 수신호처럼 우측 방향을 가리키고 서 있는 플라타너스 나목에 이끌려 한 길을 택해 걸었다.

아직 잔설이 곳곳에 남아 있는 적막한 겨울 숲 속은, 저마다 오랜 연륜을 지닌 나무들로 하나같이 고독한 명상에 잠겨 있는 것만 같다. 나무도 각자 뿌리박고 서 있는 토양과 채광에 따라 굴곡 있는 삶의 애환이 깃들어 있을 터, 지난 태풍으로 밑동이 베어져 있는 고만고만한 그루터기가 주변에 널브러져 있다. 나이테를 드러내고 등걸이 되어 불청객에게 잠시나마 앉을 자리를 마련해 주는 넉넉한 마음에 잠시 몸을 기대고 앉아 보온병에 담아온 따뜻한 물 한 잔을 따라 마시고 일어났다.

이렇게 깊숙이 낯선 길을 들어와 보긴 처음이다. 비록 방향감각이 무딘 길치라도 뫼비우스 띠처럼 놓여 있는 길을 따라 걷다 보면 아마도 초입에서 수신호 같은 자세로 나를 유혹했던 플라타너스가 반길 것이다.

곳곳에 서 있는 플라타너스의 다양한 형태의 몸짓이 가던 발길을 멈추게 한다. 수줍은 듯 드러낸 토르소의 벗은 몸체와도 같은 은밀함을 간직하고, 허공을 향해 보라는 듯이 펼쳐 보이는 몸의 시위들이 예사롭지가 않다.

"제 품에 안기세요!" 두 팔을 활짝 젖히고 자애한 어머니의 품속 같은 모습으로 서 있는 플라타너스, 한편엔 무탈하게 잘 키운 여러 자식들 보라는 듯이 높이 치켜들고 호기 있는 미소로 넌지시

내공을 자랑하는 플라타너스의 우람진 모습도 허공에 방점을 찍는다.

누구는 자작나무나 배롱나무의 벗은 속살에 반한다지만, 수많은 나무들 중 플라타너스처럼 자신들의 고독한 삶과 존재성을 숨김없이 드러내는 나무는 드물다.

올망졸망 시계추처럼 달린 분신들을 우듬지에 두고, 다양한 색상으로 감각적인 패턴을 몸에 구사할 줄 알며 한 겹 한 겹씩 박피된 자리엔 분칠로 단장한 것 같은 부드러운 하얀 속살이 차오르면, 살며시 다가가 기어코 다섯 손가락에 흰 분을 묻히게 하고 지장까지 찍게 만드는 영특한 플라타너스.

허공에 맘껏 펼쳐 보이는 춤사위 같은 몸짓으로 인간의 시선을 한몸에 끌어들이는 겨울 플라타너스는 누가 뭐래도 지혜와 한 겨울 고독을 아는 자존감 있는 심미주의자이다.

어느 날 우연히 찾아든 근원을 알 수 없는 고독감으로 한동안 마음고생을 한 적이 있다. 블랙홀처럼 한없이 빠져들던 마음에 조금씩 생기를 불어넣어 준 것은 아침 산책길에서 마주하게 된 플라타너스 나목이었다. 주택가 외진 길목에 서서 만고풍상萬古風霜

을 겪으며 뒤틀리고 옹이진 몸으로 고독히 자신을 보듬고 서 있던 플라타너스, 분신 같은 빈 가지마다 조화를 이루고 따스한 시선의 몸짓을 보내고 서 있던 플라타너스와의 교감이었다.

"조용히 마음을 들여다보세요. 그러면 마음이 보입니다." 돌아서려는 나에게 기어코 진언 같은 말씀 한 마디를 건네던 겨울 플라타너스.

유구무언

새해 들어 잔잔한 경고의 메시지가 순번을 정하고 하나둘 터져 나온다. 선두로 선을 보인 것은 모두가 잠든 새벽녘에 두서너 번 간헐적으로 울리던 전화가 궁금증만 자아내고 갑자기 불통이 되어 버렸다. 이튿날, 손수 고쳐보겠다고 이리저리 전화선을 들여다보던 아들이 힘에 부치는지 사용하고 있는 전화 회사로 연락을 하여 기술자가 집으로 왔다. 아들이 독차지하고 있는 R선에서 고장이 나 있었다. 보험에 가입되지 않아 시간당 85불을 지불하고야 제 기능을 회복시킬 수 있었다.

다음 타자로 나선 것은 아무리 생각해 보아도 전기에 의한 시샘인 것 같다. 멀쩡하던 식탁 위 전깃불이 요즘 제 맘 내키는 대로 들랑날랑거린다. 저녁 식사 때마다 종종 촛불을 켜고 분위기 운운한 적이 있어 아마도 대체된 자기 역할에 질투를 느낀 모양이다. 나는 이런 사소한 일들에 별다른 의미를 부여하지 않고 지나치려 했는데 이번에는 엉뚱하게도 탈 없이 잘 달리던 차가 사전 예고도 없이 퇴근길에 갑자기 시동이 걸리지 않았다. 가까운 정비소에 응급으로 실려 가서 보니, 차 배터리에 이상이 있어 이 또한 90불을 지불하고야 차가 움직일 수 있었다.

신년부터 이 무슨 불길한 조화인가? 불안한 생각이 서서히 피어올랐지만, 이 또한 훗날 전화위복의 계기가 될 것이라 자위하며 한결 마음을 편하게 가지려 하였다. 그러나 나의 이런 생각은 적중하지 못했다. 얼마간 잠잠하더니 또 다른 일로 이어져 왔다. 이번에는 가게에서 사용하는 금전등록기에 문제가 생겼다. 지금껏 말썽 한 번 없이 순조롭게 작동하던 계산기가 갑자기 제 기능을 상실하고 먹통이 되고 말았다. 이곳저곳 세밀히 살펴보았지만 고장이 날 만한 이유를 찾을 수 없었다. 할 수 없이 계산기 회사로 연락해보니, 기계가 갑자기 쇼크(충격)를 받아서 그렇단다. 기계에 쇼크라……, 뭔지는 모르지만 기계에다 쇼크를 준 적도 없고 평상시와 같이 사용했는데 멀쩡하던 것이 쇼크를 받다니 참으로 어처구니없는 일이었다.

그들은 수명이 다된 기계에 폐기처분을 권했지만 나는 사람처럼 쇼크를 받았다는 첫마디에 순간, 살려보겠다는 내 의지가 도사리고 있었다. 이튿날 고장 난 계산기를 고치도록 갖다 맡기고 빈자리에 대신 바쁠 때만 거들던 다른 계산기로 대치하여 이틀 정도 안심하고 사용하던 중, 이것마저도 이상 신호음을 토해내고 있었다. 삑— 삑— 고통의 소리처럼 들려오는 금속성의 단말마적 비명이 서둘러 내게 수화기를 들게 했다. 이번에는 계산기가 제자리가 아닌 다른 곳으로 옮겨져 자리 탐을 하는 것이란다. 설마? 하고 제자리로 보냈더니 신기하게도 소리가 나지 않았다.

자신의 고통을 소리와 침묵으로 알리는 기계에도 인간처럼 심성이 존재하는 걸까? 그간에 겪었던 일들이 꼭 사람을 대하는 것 같은 느낌이 들었다. 왠지 좀 더 자신들에게 관심을 가져달라고 간절히 애원하는 것만 같았다.

이 모두가 때가 되면 일어난 일들일 것이다. 좀 더 관심을 가지고 사전예방을 했더라면 하는 생각이 스치면서 오래전 한의원

으로 계시던 할아버지가 생각이 났다. 연약한 환자의 손목에 두 손가락을 올려놓고 조용히 진맥을 해 보시고는

"기계는 잘 돌아가는데 기름이 부족하다." 하시며 허약한 체질에 양기를 보충하는 보약을 권하시던 모습이 바로 이런 시점에서 생각이 떠오른 것이다.

그러나 나는 사람보다 더욱 엉뚱한 투정을 부리는 이 영민한 기계들 앞에서 아무런 변명할 말을 찾을 수가 없었다.

신수천심神手天心

개업 조산원 시절 신수천심神手天心이란 글을 손수 써서 내게 액자를 선물한 지인이 계셨다. 하늘 같은 마음에 귀신 같은 손을 뜻하는 글인 것 같다. 용하다는 소문이 널리 퍼져서인지 조산소는 언제나 분만환자들로 붐볐다. 그리고 돈 받는 것도 기술이라고 하면서 내게 종종 충고 같은 조언을 아끼지 않았던 k선배, 넉넉하지 못한 빈곤한 삶 속에서도 많은 아이들을 낳고 길렀던 70년대의 순박한 여인들, 꾸밈없는 그들의 삶 속에서 묻어나는 천진한 미소와 함께 붉은 동백꽃 목숨처럼 져버린 나이 어린 산모가 생각이 난다.

당시 20대 초반의 간호사인 나는 부산에 있는 '일신산원'에서 실습과 이론을 병행해가며 1년간의 조산원 교육을 받을 때였다. 마침 혼자서 응급실 야간 근무 중이었는데, 집에서 첫아이를 분만하다가 심한 출혈로 응급실로 급히 실려온 나이 어린 산모가 있었다. 야간 담당 의사들의 많은 노력에도 불구하고 끝내 이완성출혈로 숨을 거두고 말았다. 의료진들은 널브러져 있는 갖가지 의료장비와 숨진 산모의 사후 처치를 내게 부탁하고 모두 응급실을 빠져나갔다. 엄습해오는 두려움도 잊은 채, 피로 얼룩진 그녀의 몸 구석구석을 닦으며 나는 연신 "미안하다. 미안하다. 널 살리지 못해 정말 미안하다."라고 몇 번이고 되풀이하며 말을 했다. 혹여 어린 산모가 두려움으로 떠나는 길을 애써 말로 달래고 있었는지도 모른다.

혼자서 사후 처치를 마치고 영안실 직원과 함께 시신을 영안실로 옮기고 나서이다. 출구 문쪽으로 돌아 나오려는 순간, 참으로 말로 표현하기조차 어려운 일들이 순식간에 내게 일어났다. 내 몸은 강력한 자석에 이끌려 한 발자국도 떼지 못했다. 누군가 나를 뒤에서 꽉 잡고 있는 것 같은 느낌이 들었다. 무거운 샌드백을 양다리에 올려놓은 것 같은 중압감에 나는 있는 힘을 다해 영안실 문을 박차고 혼비백산하여 빠져나왔다. 순간, 심한 공포감으로 병실 전체가 울리도록 나도 모르게 소리를 쳤나 보다. 이튿날, 지난밤의 고함으로 인해 병원장과 간호과장에게 차례로 불려가 진중하지 못한 태도에 대한 엄한 꾸중을 듣고 나왔다.

70년대 중반, 조산원 면허를 소지하고 산부인과 의사가 전무한 고향에서 개업조산원으로 일을 했다. 아이를 순산하고도 예기치 않게 자궁이 수축되지 않아 이완성출혈로 수혈을 필요로 할 땐, 초를 다투는 생명이고 보니 서둘러 산모를 급히 큰 병원으로 보내 예기치 못한 출혈에 대비할 수 있는 여건을 갖추어야만 했다.

9년 가까이 분만환자를 다루면서 생사를 넘나드는 고비 때마다, 알 수 없는 누군가 내게 위급한 생명을 살릴 수 있는 영감靈感을 사전에 느끼게 해 준다는 걸 알았다.

내가 결정적으로 '착한 영'의 존재를 의식하게 된 것은 둘째 아이를 임신하고 꾸준히 별 탈 없이 산전 진찰을 받아왔던 이웃에 사는 임산부가 산기가 있다고 연락이 왔다. 왕진을 부탁하여 집으로 가서 내진을 해 보니, 4센티 정도의 자궁 문이 열려 있어 순조롭게 진행되고 있는 분만 과정이었다. 그러나 두 손가락으로 내진을 하는 순간, 알 수 없는 섬뜩한 예감이 뇌리를 스쳤다. 불길한 징조

였다. 서둘러 큰 병원으로 갈 것을 권유하고 혹시나 모를 출혈에 관해 재차 설명하자, 산모의 남편은 별다른 의심 없이 촉박한 상태로 받아들이고 곧바로 택시를 불러 함께 50분 거리에 위치한 충남대전으로 향했다.

병원에 도착하자마자, 아이는 순산을 하고 뒤이어 태반도 순조롭게 자연 배출되었다. 잔뜩 긴장했던 산모의 가족들은 괜한 걱정으로 멀리까지 왔다면서 씁쓰레한 미소로 나를 대했다. 그러나 순간적인 일이었다. 산모의 얼굴이 창백해지면서 자꾸 어지럽다고 했다. 덮고 있던 담요를 들쳐 아래를 보니 흥건히 피가 고여 있었다. 순식간에 일어난 예기치 못한 출혈로 대전 대학병원 역사상 가장 많은 양의 수혈을 받은 산모로 이름이 나 있다.

출혈로 인한 위급한 순간마다 내게 수호신처럼 와 닿았던 어린 산모의 간절한 염력念力이 내게 영감을 준 것이 아닐까 생각을 해본다.

조산원 시절, 나에게 붙여진 신수천심神手天心이란 글자도 어쩜 시공을 초월한 착한 영혼의 넋으로 빚은 생명줄 같은 글귀인지도 모른다.

꿈

나는 자주 꿈을 꾼다.

꿈은 야누스처럼 길몽과 흉몽의 양면성을 지니고 잠든 인간의 무의식 세계로 들어와 또 하나의 파노라마 같은 인생길을 펼쳐간다.

갓 시집온 며느리에게 손자를 기대하던 시어른들께 삼신할머니가 점지해준 태몽은 순탄한 시집살이의 길을 열어준 또 하나의 축복 같은 꿈이었다.

나는 언제부턴가 꿈을 간단히 메모해두는 습관을 지니고 있다. 그렇다고 꿈에서 본 자잘한 것까지 기억해내 적어두는 것이 아니라, 꿈의 내용과 꿈의 언어를 메모해 두고, 지난밤 꿈이 현실과 어떠한 연관성을 지니고 있는지 은근히 시간을 두고 색다른 기대도 해보게 된다.

꿈에서 얻은 영감으로 아름다운 곡을 만들었다는 모차르트나, 항상 머리맡에 필기도구를 두고 어려운 과제를 꿈에서 얻은 영감으로 풀어갔다는 아인슈타인의 꿈도, 어쩌면 동일한 현상인지도 모른다.

나는 가끔 꿈에 의미를 부여하고 싶은 충동에 꿈의 예언적 상징성을 해독해 보려 애써보지만 나의 꿈 해몽은 자주 빗나가 버린다. 주로 꿈의 내용들은 이미 체험된 것으로부터 현실과 분리될 수 없는 재료라고들 하지만, 때론 황당무계한 꿈들로 온종일 마음이 편치 않을 때도 있다.

나는 꿈을 자주 꾸는 사람치고는 꿈 해몽에 아둔한 편이다. 그러나 꿈도 자주 꾸다 보면 경험으로 길몽과 흉몽을 어렴풋이 판단하게 되고 때론 닥쳐올 일들을 막연한 예감으로 내다보기도 한다.

꿈의 소재나 내용을 본인 스스로가 자유자재로 선택하여 꿈을 이끌어갈 수는 없지만, 나는 곧잘 비상하는 새가 되어 꿈속의 급박한 상황을 헤쳐 나가기도 한다. 양옆으로 맘껏 펼친 나의 두 팔이 날개가 되어 있는 힘을 다해 땅을 박차고 높이 솟아오르면, 무중력 상태의 내 몸은 새 깃털보다 더 가벼워져서 어떠한 장애물도 구애받지 않고 가고 싶은 곳곳을 훨훨 날아다니다 보면 꿈속의 나는 이내 점입가경에 몰입이 되어 장주의 꿈속 나비를 뒤쫓기도 한다.

나의 몸은 타국에 와 지낸 지 20여 년이 넘어 문화의 익숙함에 안주하지만, 마음은 항시 고향 어머니 품에 가서 닿아 있다. 꿈 또한 고향 산천의 부모 형제가 있는 장소가 배경이 되어 나의 현실과 단절된 상태의 꿈이라 할지라도, 꿈속에 품고 있는 내용만은 나 자신의 본질로부터 잉태되어지는 것이 아닌가 생각이 든다.

꿈속엔 또 하나의 복제된 자신이 살고 있나 보다. 어머니의 자궁 속 같은 신비의 공간으로부터 발생되어지는 진지한 삶의 색다른 표현방식이 꿈이 아닌가 생각한다.

나에게 잊히지 않는 꿈 하나가 있다. 어느 날 꿈속에서만 뵈올 수 있는 어머니께서 초록 빛깔의 저고리를 입고, 기차를 타고 어디엔가 가고 있는 내 뒤편에 앉아 계셨다. 아무런 말씀도 없이 미소를 지으며 나를 보고 계시던 어머니의 자애로운 얼굴 모습에 나는 회한의 그리움과 함께 꿈에서 깨어났다. 어머니의 꿈을 좋게만 받아들인 나는 꿈이 뜻하는 방향에 빗나가서인지 어머니는 내 꿈속으로 두 번이나 같은 모습으로 오시어 딸의 몸에 위급한 병이 생겼음을 무언으로 알리고 계셨다.

나는 상징적인 어머니의 꿈으로 인해 짧은 생을 길게도 이어가고 있는지도 모른다. 시력이 나쁜 사람은 다소 불편은 하지만 안경을 끼고 밝은 세상을 내다보듯이, 나는 꿈으로 예언된 어머니의 염원이 담긴 지병을 20년이 지난 지금도 친구 삼아 몸에 지니고 산다.

선몽

난 픽션 같은 꿈속으로 종종 오시는 반가운 얼굴, 말 한 마디 건네지 못해도 심상으로 주고받는 만남이어도 그대 그래도 좋으니 종종 오시게나, 따스한 밥 한 그릇 제대로 먹여 보내지 못할지라도 그대와 같은 하늘 아래 함께 숨 쉬고 있음을 감사하며, 정념에 물들지 않고 욕심 없이 살고 있는 내게로 빛처럼 스며들어 그대의 진한 마음 한 자락 펼쳐 보이게나.

뒤로 여러 명의 수행원을 거닐고 선두에 서서 걷고 있는 그를 보았다. 나는 환영 나온 인파들 속에 끼어 그의 움직임 하나하나를 주시하며 쳐다보고 있을 때, 내가 최면술이라도 건 걸까, 아님 마음의 눈이 열려 삼천대천세계를 손바닥의 구슬처럼 환히 볼 수 있다는 '아나율 존자'의 천안통이라도 그가 지닌 것일까. 무애 자재한 경계의 의식의 흐름을 엿볼 수 있는 찰나, 그는 내게로 묵묵히 걸어와 내 오른손 바닥에 주술 같은 3개의 그림, 세모, 네모, 동그라미를 한 줄로 손바닥 가득 그려놓고 말없이 가던 길을 재촉했다. 꿈. 꿈이었다.

상징적인 그림들의 언어는 무엇을 내게 전하고자 함인지 미문한 나로선 참으로 해독하기 어려운 난해한 기하학적인 형상의 꿈이었다.

어느 날 그동안 화두처럼 지녀왔던 그림의 상징성을 참으로 나는 엉뚱한 곳에서 찾아보았다. 민족의 성지로 주목받는 마니산 정상에 위치해 있다는 '참성단'. 단군이 하늘에 제사를 올리기 위해 쌓은 제단이라는 설명과 함께 누군가 풍경사진으로 올린 한 장의 사진에서 불현듯 나름대로 엉킨 실타래를 풀 수 있는 기회를 가졌다. 세모(산, 사람), 네모(땅), 동그라미(하늘)를 상징해서 쌓은 '참성단'은 하늘과 땅의 기운이 만나는 곳이어야 하므로 위에 있는 단을 네모로 아래에 있는 제단의 기초를 원형으로 만든 것이라고 한다. 이 또한 아래에 있는 땅 괘가 위로 올라가고, 위에 있는 하늘 괘가 아래로 내려가, 천지가 사귀어 통한다는 주역에 있는 지천태地天泰와 같은 상징적인 그림으로 그려 내게 보여준 것이 아닌가 하는 생각에 이르자. 순간 고요했던 마음에 잔잔한 너울 같은 파문이 자맥질을 한다. 맨 위 세모 그림은 사람을 상징한 것이라면, 이것은 앞으로 전개될 큰 사람을 뜻하는 게 아닐까 하는 우직한 믿음을 한동안 가슴에 품어왔다.

계사년 새해를 맞이하여 행불유경行不由經이란 사자성어와 함께 실린 새해인사란의 그의 글을 마주한다. 어렵고 힘든 시기일수록 요행을 바라거나 지름길을 찾지 말고 정도를 걸어야 한다는 글을 들여다보면서. '선몽' 같은 꿈속 기호들을 그에게 아낌없이 보낸다.

> 다르다 하면 하나로 되고 같다고 보면 거리가 있어지는 그대 누구시오/ 가까이 있을 땐 가까워 못 가고 멀리 있을 땐 멀어 못 가 맘 졸이며 그대신가 기다리고/ 잊지도 않고 구하지도 못하며 네 속에 네가 숨어도/ 내 속에 내가 숨어도 감추어지지 않는 사랑이란 말 차마 쓰기 어려워 더디게 울어 보내오.
>
> — 김초혜 시집 『사랑 굿 48』

논픽션 같은 꿈 · 1

불길한 예지몽 같은 꿈이었나요!

어느 날, 검정 신사복을 차려입은 J형이 꿈에서 절 찾아왔습니다. 양손엔 '검정 우산'과 '빈 수레'를 들고, 친정 집 마당에서 말없이 나에게 우산과 수레를 건네주고 갔습니다. 좀 더 일찍 꿈의 내용에 관심을 가졌더라면 뜻하지 않은 불운을 피해갈 수는 있었나요? 참으로 아이러니하게도 몇 달 후, 넷째 남동생의 갑작스런 죽음을 알려왔습니다. 한밤중 격렬한 복통으로 손도 쓰지 못하고 떠났다고 하니 얼마나 허망하고도 믿기지 않는 일입니까. 한동안 꿈을 주관하는 누군가의 메신저 역할을 맡은 J형이 원망스럽기까지 했습니다. 알 수 없는 상징적인 불길한 꿈일지라도, 혹여 동생의 죽음을 사전에 예방할 수 있는 좋은 꿈으로 환치시킬 수는 없었던 것이었을까요. 꿈은 참으로 신비스런 의문의 영역입니다. 한번 빠져들면 빠른 빛조차도 탈출할 수 없다는 죽음의 '블랙홀' 같은 꿈을 꾸면서, 저는 바깥 시공간의 '화이트홀' 같은 영역을 못내 아쉬워하며, 지구별로부터 세 아이의 아버지인 착한 동생을 떠나 보내야만 했습니다.

얼마 후 '빈 수레'의 알 수 없는 불길한 예감도 뒤따랐습니다. 둘째 동생 처 미영이가 유방암 3기로 임파선까지 전이되었다는 우울한 소식이 전해져왔습니다. 한동안 어깨가 아파서 찜질방 출입과 운동으로 일관해 왔다는데, 유방암 검사에서 뜻밖의 소리를 들었다고 합니다. 심성 여린 미영이의 당시의 당혹스런 상황을 헤아리고도 남습니다. 왠지 나의 불길한 꿈으로 인해 잘못을 가져다 준 것 같은 생각이 들어 한동안 자책감에 빠져 있었습니다. 5년이 흐른 지금 감사하게도 별 탈 없이 건강히 지내고 있는 미영이가 고맙기도 합니다.

논픽션 같은 꿈 · 2

날다, 만지다, 이야기하다, 어쩌다가 제가 꾸는 비현실적인 자각 몽 같은 꿈들입니다.

지난밤엔 LA에 사시는 고모님 꿈을 꾸었습니다. 가난한 안식교 목사 사모로 평생을 기도하는 모습밖에 본 적이 없는 것 같은 헌신적인 삶을 사신, 제 친정아버지의 유일한 혈육입니다. 90고령의 연세에도 불구하고 강건히 지내던 고모님께서 언제부턴가 치매를 앓고 계셨습니다. 요양원에 입원해 계시는 동안 아이들을 데리고 남편과 함께 다녀온 후론, 고종사촌들과 병상에 계신 고모님 안부전화만 오고갔습니다.

아마도, 고모님이 운명하시는 날 새벽녘의 꿈이었나 봅니다.

꿈에서 고모님이 돌아가셨다는 고종사촌의 전화를 받자, 빛의 속도만큼이나 빠르게 제가 LA고모님 자택에 가 있었습니다. 거실 벽엔 큰 액자에 담긴 가족사진이 걸려 있었지요. 두 손을 가지런히 모으고 앞자리에 앉아 계신 사진 속 고모님을 뵙고, 뭉클해져 오는 마음에 저는 액자 가까이로 다가가 고모님 손을 만지려고 했지요. 간절한 맘이 가 닿은 걸까요. 그때, 액자 밖으로 고모님이 손을 쑥 내밀며 제 손을 잡아주시는 꿈을 꾸었습니다. 그리고 이튿날입니다. 고종사촌 동생으로부터 고모님이 돌아가셨다는 전화를 받는 순간, 온몸에 전율을 느꼈습니다. 서둘러 항공편으로 엘에이에 도착하여 추모예배를 드리고 있는 '로마린다' 교회로 향했습니다.

이튿날, 발인예배를 마친 후, 곱게 화장을 하고 잠들어 계시는 고모님 앞으로 나가 마지막 뷰잉(viewing) 인사를 드렸습니다. 깍지 낀 손을 가슴에 모으고 숙면에 드신 것 같은 모습으로 누워 계시는 고모님 손 위로 저도 모르게 제 두 손을 가져다 올려놓았습니다. 지난 밤 꿈속에서 잡아주시던 손, 기도하는 성자의 손 같은 삶의 향기를 간직하고 사셨던 고인의 착한 두 손에서 따스한 온기가 전해져 오는 것만 같았습니다. 모든 장례 절차를 마치고 장지를 돌아 나오는데, 시 한 편이 저의 텅 빈 가슴으로 스며들었습니다.

> 한 사람이 떠났는데/ 서울이 텅 비었다/ 일시에/ 세상이 흐린 화면으로 바뀌었다/
>
> 네가 남긴 것은/ 어떤 시간에도 녹지 않는/ 마법의 기억/ 늘 그 불꽃으로/ 내 몸을 태운다.
>
> —「기억」, 문정희

4

오픈 하우스

생일 케이크에 꽂은 나이

어머님 생신 일이 가까워오자 손위 시누이로부터 생신 건을 타진하는 전화가 오후 늦게 걸려왔다. 그러잖아도 음력으로 들어 있는 이번 어머님 생신 일이 올핸 아버님 기일과 겹쳐 있다. 나는 여러모로 편리함을 떠올리며 같은 날 식구들을 초대하면 어떨까 하는 부질없는 생각을 해보았다.

한편으론 마음이 여리신 어머님께서 제사와 생신을 아울러서 병행시키는 것을 탐탁지 않게 생각하실 것만 같아 내색도 못하고 지내던 참이었는데, 때마침 시누이가 전화를 주셨다.

한 해가 다르게 기력이 쇠약하신 친정어머니의 건강을 염려해서인지 이번 어머님 생신 땐 타지에 있는 아이들까지 총동원시키자면서 더불어 생신 음식까지도 손수 맡아 하시겠다고 뜻밖의 말을 했다.

집안의 대소사를 안일한 쪽으로만 몰고 가려 했던 자신이 왠지 분별없는 만용을 부린 것 같은 속내를 들킨 것만 같아 이내 얼굴이 화끈거려왔다.

눈으로 볼 수 있는 가시적인 영역밖에 내다볼 수 없었던 지난날의 좁은 안목들, 몇 해 전 어머니께서 홀연히 집을 나가시어 시누이가 운영하는 약국 근처로 이사를 하셨다. 본인은 사찰이 가까이 있는 곳으로 이사한 것이라고 애써 말씀하셨지만, 그래도 여전히 마음은 편치가 않았다.

어릴 적 어머니가 해주는 음식이 세상에서 최고로 맛있는 음식이라고 생각하며 자란 아들들은 결혼과 함께 아내의 음식 맛에 시나브로 길들여 가는 맛의 길목엔 한 지붕 밑에 거주하는 고부간의 사이에도 알게 모르게 아들의 변한 입맛만큼이나 보이지 않는 서운한 관계가 앙금처럼 사리어 있게 마련인가 보다.

솔로몬의 지혜가 요구될 만큼 어질고 착한 남편들에겐 때론 아내와 어머니 사이에서 주관이 없는 아들이 되기도 하고 무정한 남편이 되기도 한다.

30여 명의 가족이 어머님 생신을 기회로 오랜만에 한자리에 모였다. 상 한가운데 곱게 차려입은 어머니께서 드신 음식이 과하셨는지 잦은 트림과 함께 명치 부위로 자주 손이 올라갔다. 오랜만에 만나 신이 난 아이들의 웅성웅성대는 소리가 방안을 가득 채웠다.

화기애애한 분위기 속에 식사가 거의 끝나갈 무렵, 병원에 근무하는 막내동서가 쟁반 위에 받쳐든 생일 케이크를 어머님 앞에 조심스레 갖다 놓았다. 케이크 위엔 굵기가 다른 서너 자루의 초와 함께 알 수 없는 물음표 부호의 초 한 자루가 모두의 이목을 집중시키며 이방인처럼 꽂혀 있었다.

전원을 내린 사위엔 살랑대는 촛불만이 물결처럼 드리워진 어머니의 주름진 얼굴을 더욱 각인시켰다. 작은 체구에 어린아이처럼 천진한 얼굴을 하고 아무런 저항감 없이 앉아 계시는 어머니의 모습에선, 지난날 따끔한 언어로 훈계를 주시던 당당함은 어디고 찾아볼 수가 없었다.

모두가 어머님 앞으로 나와 생일 축하 노래를 불러드린 후,

생일 케이크 위에 나이 숫자 대신 꽂혀 있는 물음표 부호를 막내동서가 재치 있는 말로 이끌었다. 어머니의 연세를 묻는 물음에 맨 앞자리에 서 있던 증손자인 지훈이가 자신 있게 손을 들며 "forty!" 하고 답을 했다. 순간 모두가 박장대소하며 웃음을 터트리자, 이번엔 다섯 살 난 동생 지연이가 살며시 손을 올렸다. 그리곤 뭔가 신중을 기하듯이 몇 번이고 뜸을 들이더니 아무래도 오빠의 숫자가 많게 느껴졌던 모양이다. 곧이어 "thirty five!"하고 제 오빠보다 다섯이나 낮은 숫자를 제시했다. 또 한 번 모두가 손뼉을 치며 깔깔대고 웃었다. 곧이어 오늘의 증조할머니의 연세는 thirty five 라고 동서가 재치 있게 또 말을 이어가자, 아이는 자신이 맞춘 숫자에 더욱 당당한 표정을 지으며 어깨까지 으쓱해 보였다.

생일상을 앞에 두고 속이 거북한지 시간 내내 침묵으로 일관하시던 어머님께서 모처럼 입가에 미소가 번졌다. 또한 증손녀에게 다가가 얼굴을 맞대고 예뻐하시는 모습을 바라보니 어머님 자신도 꿈같은 시절을 반추하고 계시리라.

오늘은 육 남매 우리들의 어머니께서 자신의 나이 반도 훨씬 못 미치는 35세의 나이를 가슴에 지니고 집으로 가셨다. 삼사 년

후면 미수를 바라보시는 어머니, 연약하신 어머님을 가까이에서 보살피고 계시는 큰시누이님 내외분께 나는 언제나 마음의 큰 빚을 지니고 산다.

호연 김주상

「꽃들의 합창」이란 제목을 단 호연 선생의 그림 하나가 거실 벽에 걸려 있다. 하양 보라 노랑 빨강 분홍의 초롱초롱한 눈망울 같은 작은 꽃잎들에 하나하나 호명하면 금시라도 액자 밖으로 오종종 튀어나올 것만 같다.

몇 해 전, 탈북 난민정착 돕기 기금을 위한 시화전에 다녀왔다. 갤러리 입구에서부터 환한 얼굴로 반기던 오색 꽃잎들로 어우러져 있는 액자 속으로 나도 모르게 눈길이 다가갔다. 흐드러진 여린 꽃잎마다 아이들의 햇살 같은 밝은 웃음소리가 들려올 것만 같은 액자 속 그림은 밝고 차분한 행복감마저 들게 했다.

일전, 협회 문학 모임에 참석하신 선생께서 "내 딸 잘 있지요?"

하고 출가한 딸의 안부를 묻듯이 그림의 안부를 물어오셨다. "그럼요! 딸처럼 애지중지하며 오붓한 시간을 함께 즐기고 있습니다."라고 말하자. 밝게 웃으면서 고맙다고까지 하셨다. 열정을 갖고 혼신을 다해 그린 작품은 열 달 동안 몸에 품고 있다가 세상 밖으로 내보낸 자식과 다름없으리라.

수필가로도 활동하고 있는 선생은 서예가이자 전서로 이름이 나 있는 성제惺齊 김태석金台錫 선생의 손녀이시다. 지난봄엔 팔순을 맞이하여 100여 명의 제자들과 지인들이 모여 산수연傘壽宴을 열어드렸다. 언제 만나도 밝고 정갈한 모습인 호연 선생은 주변 사람들에게도 롤 모델 같은 삶을 사시는 분이다.

언젠가 마지막 한국 방문 길이 될 것 같다고 하면서 한국에 다녀오신 적이 있다. 다녀오시는 길에 '손광성' 수필집 한 권을 구입해 내게 서명과 함께 선물로 주셨다. 그리고 20여 권의 협회에서 출간하는 뉴욕문학책을 작은 카트에 싣고 오셔서 "글 열심히 쓰세요!" 하면서 또 건네주셨다. 그림과 맺은 인연을 잊지 않고 선생님은 각별히 내게 신경을 쓰신다. 한동안 건강이 좋지 않아 입원까지 했는데, 왠지 주변 정리를 하시는 것 같은 느낌이 들어 마음이 편치 않았지만 나의 이런 생각은 잠시 기우에 지나지 않았다.

15명의 제자들과 선생님의 호를 딴 '호연회전'이 전시되었다. 지인과 함께 오프닝 리셉션에 다녀왔다. 회원들과 함께 자연을 소재로 그린 45점의 한국화 그림 속엔 평소 선생님이 즐겨 그리시던 선생님의 포도 그림은 보이지 않았다.

특히 50년 화력 중에 오분의 일은 포도 그림이 차지할 만큼 즐겨 그렸다는 선생은 언젠가 뉴욕문학 표지에 실린 포도 그림에 대한 작가 노트에서 "환희의 포도는 빨간색으로, 충만한 포도는 짙은 보라로, 청춘의 포도는 청포도로, 애절한 포도는 연보라로 그리며 어느덧 황혼을 넘고 있다."고 하셨다. 이처럼 포도 그림은 선생의 삶 속에 깊숙이 들어와 희로애락 같은 여정을 함께 다독여 온 것이다.

이번에 호연회전에 출품한 선생의 그림 두 점엔 여느 때와는 달리 「마음 가는 대로」란 제목이 붙어 있다. 언제부턴가 마음을 그리고 싶어 자신도 모르게 붓이 움직이는 대로 묵향에 묻혀 그렸다는 무채색 그림은 힘 있는 필치로 휘둘린 영혼의 글자 같기도 하고, 자세히 살펴보면 자유롭게 노니는 선생의 마음이 곳곳에 살아 움직이는 것 같기도 했다.

자신의 그림 앞에 서서 지인들의 물음에 한결같은 밝은 표정으로 작품설명을 하고 계시는 선생님을 지켜보면서 언젠가 "사람에게 인격이 있듯이 그림에도 '화 격'이 있습니다."라고 하시던 말이 문득 생각이 났다.

평소 격이 있는 그림을 그리라고 강조하셨다는 '유산 스승'의 삶이 지침이 되어 생활하고 계시다는 선생님의 예술혼을 다시 한 번 들여다보면서, 한편에 서서 조용히 선생님의 건강을 또한 축원해본다.

낯선 곳에서의 시작

자신에게 주어진 삶을 살다 보면 '자에도 모자랄 적이 있고 치에도 넉넉할 적이 있다.'는 속담이 마음에 와 닿을 때가 있다. 여러 민족이 어울려 사는 이곳 뉴욕에선 많은 이론과 논리가 있다 하더라도 실제로 삶을 꾸려가는 데 있어 모든 게 순리대로 다 적용이 되는 것이 아님을 살면서 피부로 느낄 때가 종종 있다. 장사에는 맹목인 내가 맨해튼 브로드웨이를 오가며 여러 해 생업에 종사한 적이 있다. 무엇 하나 뚜렷이 해 놓은 것 없이 무수한 시간들만 곶감 빼먹듯 흘려보낸 것 같은 생각이 들 때도 많았다.

때론, 시대의 흐름에도 과감히 변신하지 못하고, 한 우물만 파는 격이 되었지만, 그래도 내겐 산교육의 장소이자 희망을 품고 살았던 보상행위가 뒤따르는 즐거움이 있는 곳이기도 했다.

나는 가끔, 80년대 후반 가방계의 명성을 떨치던 26가 브로드웨이 선상의 '나스'와 '유로' 가방의 전성기를 떠올리며 혼자서 실속 없이 미소를 짓곤 한다. 본국으로부터 수입한 물건이 도착 되었다는 소식이 전해지면 이튿날 이른 시각부터 각 지역에서 모여든 바이어들로 문 앞에 장사진을 이루고 있었다. 주인이 가게 문을 여는 순간, 재빠르게 안으로 들어가 민첩하게 몸을 놀려 잘 팔리는 물건들만 빼오던 억척스런 자신의 행동이 왠지 피에로처럼 느껴오는 것은 무슨 연유일까.

언어와 풍습이 다른 소수민족이 많이 모여 사는 이곳 뉴욕에선 장사꾼의 품위를 지켜나가기란 여간 어려운 게 아니다. 하지만 장사에도 도를 닦는 마음으로 올바른 행위가 따라야 하고, 또한 매사에 성실하고 긍정적인 태도로 오고 가는 손님을 대하다 보면, 어려운 처지들도 잘 헤쳐나가리라는 신념으로 고지식하게만 살아온 시간들. 때론 외부적인 현상이나 환경도 자기와의 관계에서 이루어진다는 연기의 이론이 때때로 평상심을 벗어난 나에게 교훈처럼 들려오던 지난날을 또 한 번 상기해 본다.

맨해튼 어디엔가는 뉴욕을 건설하기 위해 끌려온 흑인 노예들의 유해가 오랜 풍화작용에도 소실되지 않고 300년째 단단한 시멘트 바닥 아래 깊숙이 묻혀 있다는 기사가 실린 것을 보았다.

단란한 가정 한번 누리지 못하고 인고의 삶을 살다간 2만여 명의 흑인 노예들의 피맺힌 한의 소리가 무심코 걸음을 내디딜 때마다 송구스런 마음으로 이어져 온다.

소라게와 말미잘 같은 공생으로 이끌어가는 수많은 이민자들의 적응 과정엔 환희보다는 갖가지 애환으로 짙게 깔려 있는 묵언의 시간들이 신열처럼 버티고 있다.

꿈의 도시 마천루의 맨해튼은 자신들의 고유문화를 저버리지 않고 타 민족의 관습을 이해하며 미국화의 길로 나가길 원하는 순수한 이민자들의 원대한 꿈이 칠월의 태양열에 영그는 포도송이처럼 주렁주렁 매달려 있다. 그러나 이방인 모두에게 주인처럼 와 닿기에는 아직도 함께 풀어나가야 할, 많은 과제들이 곳곳에 앙금처럼 스며 있는 낯선 이국에서의 출발은 아닐는지.

노란 머리 아들

늦둥이 아들이 하나 있다. 장손으로 지나친 귀여움을 받고 자라서인지 때때로 인내력에 한계를 느끼게 한다.

토요일 오후, 이날따라 한꺼번에 몰려오는 가게 손님들을 돕느라 정신없이 바쁘게 움직이고 있을 때 집에서 어머님으로부터 전화가 걸려왔다.

"에미냐!"

다급한 어머님의 음성에 나는 흠칫, 뭔가 사건이 터졌나 보다 하는 불안한 마음이 들었다.

"큰일 났다. 네 아들 머리 노란 물을 들였다. 그것도 아주 샛노란 물을!" 애지중지하던 귀한 맏손자가 요사이 공부는 뒷전으로

하고 친구들과 어울려 노는 데에만 앞장을 선다면서 노란 머리 염색으로 얼굴 모습마저 변한 손자의 행동에 불만이 가득하였다. 가게 문을 닫고 집으로 돌아온 나는 먼저 노란 머리의 궁금한 아들을 찾았다. 그러나 한 시간 전 친구들과 어울려 나갔다는 소리에 아들 방으로 들어가 눈에 띄는 영수증 하나에 가슴이 조여왔다.

Beer 10.99, Tax 93. Total 11.92 아니, 맥주까지 사가지고 나가다니……, 그리고 몇 달 전엔 학교에서 무료로 얻었다는 콘돔 한 곽을 아들 책가방에서 꺼내 깊숙이 감춰 놓았는데 이것마저 없어진 걸 발견하고선 크게 실망하였다. 머리에 노란 물감을 들이고 또 콘돔에 맥주까지 지참하고 친구들과 어울려 나갔다면……, 그야말로 깊숙한 혼란으로 빠져들면서 어디서부터 손을 써야 할지 몰라 방과 거실을 오가며 안절부절 못했다. 다른 날 같으면 일찍 샤워하고 편안히 잠자리에 들 시간인데 시간이 흐를수록 지친 몸과 정신은 더욱 또렷해지고 있었다. 때마침, '띵 똥!' 하고 차임벨이 울렸다. 나는 동시에 현관문을 열어 젖혔다.

"하이! 맘(Mom)."

멋쩍은 표정을 지으며 아들이 인사를 건넸다.

"에구머니나! 네가 내 아들이 맞니?!" 집에 도착하여 딸아이에게 동생 염색 건에 대해 물었더니 "아주 귀여워요." 하는 짤막한 한 마디에 그래도 집안 식구 중에 차분하고 고운 머릿결을 지닌 아들 머리에 귀엽게 부분적으로 노란 염색을 들인 게구나 하며 피식 미소까지 지었는데……, 내 앞에 나타난 아들은 상상을 벗어난 다른 모습을 하고 있었다. 머리 전체를 기계로 짧게 깎아내고 노란 물로 머리 전체를 염색했으니 아들의 모습은 오간 데 없이 딴사람으로 변해 있었다.

다리에 힘마저 빠져 주춤거리며 아무 말 없이 아들 방에 있던 맥주(Beer) 영수증을 들이댔다.

"이 Beer 어디서 마시고 왔어?"

매섭게 혼내주려던 강한 의지와는 달리 온몸에 힘이 빠져 나는 힘없이 말을 건넸다.

"엄마! 이 영수증은 Beer 산 것이 아니고 내가 산 카세트테이프 예요." 「One Fierce Beer Coaster」라는 노래 테이프 하나를 내게 건네며 엄마를 이상하다는 눈초리로 쳐다본다.

"내 친구들과 스케이트보드 타고 왔어요. 머리는 오래전부터

하고 싶었던 스타일이었는데 오늘 누나가 염색하는데 도와줬어요."

아차! 왜 다른 글자는 보이지 않고 Beer만 크게 확대되어 내게 보여졌는지. 안방의 서랍장을 다시 살펴보니 찾던 콘돔 한 곽도 그대로 서류 틈에 끼어 있었다. 가식 없는 순진한 아들의 모습을 뒤로한 채 방으로 들어와 안도의 한숨을 쉬었다. 틴-에이저의 노란 머리 아들을 이해하기보다는 무조건 부정적인 면으로 몰고 갔던 나 자신을 탓했다. 좀 더 성숙한 인내를 갖고, 신뢰와 사랑으로 늦둥이 아들을 바라보아야 하겠다고 생각하며 나는 피곤과 함께 몰려오는 깊은 잠으로 이내 빠져들었다.

(1998년)

오픈 하우스

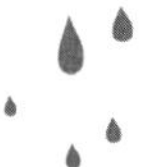

20여 년 살던 집을 가까운 부동산에 매물로 내놓은 지 3주가 되었다. 오늘은 바이어들에게 내 집을 선보이는 오픈 하우스를 열기로 한 날이다.

사람이 거주하는 주택에도 집주인의 품성과 취향에 따라 인격과 품위가 부여된다. 집주인과 상의하여 리스팅 에이전트가 개최하는 오픈 하우스에는 여러 부류의 사람들이 관심 있는 집들을 부담 없이 볼 수 있는 좋은 기회다. 편리한 시간을 택해 주말 오후 한두 시간 바이어에게 집을 선보이는 오픈 하우스에는 구경 삼아 나들이 다니는 사람도 더러 끼어 있지만, 낯선 손님을 초대하는 집주인은 안팎으로 청결은 물론 소품 하나에도 세심한 신경을 기울이며 만반의 준비를 마친 후 리스팅 에이전트에게 집을 맡기고 잠시 자리를 비운다.

단 한 가족에게 선택되는 집의 운명은 따지고 보면 남녀가 만나 맞선을 보는 자리와 비슷한 의미를 지니고 있다. 오픈 하우스에 참석하는 대부분의 사람들은 그들의 가족 구성에 맞는 집의 크기와 내부의 견고함과 상태를 둘러보고 개인의 성향에 따라 눈높이의 높고 낮음도 곁들여지지만, 다수가 인간의 미묘한 감정의 변화만큼이나 색다른 개성을 지니고 있다.

FOR SALE이라는 팻말을 부동산 회사에서 내 집 앞에 꽂아놓기까지는 몇 번이고 망설임 끝에 내린 결단이었다.

남들은 물건처럼 쉽게 사고파는 것이 주택이라고들 말한다. 그러나 집도 한곳에서 희로애락을 겪으며 20여 년 거주하다 보니 집과 주인과의 이심전심으로 와 닿는 끈끈한 연결고리가 은연중에 형성되어 제때 매물로 선뜻 내놓지도 못하고 애지중지 키운 딸 시집보내듯 마음이 저려오곤 했다. 무엇보다 가게 일을 마치고 늦은 시간 동네 어귀로 들어서면 환하게 불을 밝힌 이웃과는 달리 어둠 속에 홀로 어슴푸레 흰 몸체를 드러내며 주인을 기다리는 겁 많은 막둥이 같은 우리 집이 투정을 부리며 보채는 것만 같아 여간 미안하기 그지없다.

어느 틈에 아이들도 자라 제 길을 떠났고 마당 한편에 채소밭을 가꾸며 어린 손자들과 소일하셨던 어머님도 방을 비우신 지 여러 해가 지났다. 지금도 어머니 방 창문 가까이에 놓인 탁자 위에는 네모진 돌에 새겨진 문수보살 '진성무진계'가 받침대 위에 올려 져 있다. 옆에는 지그시 두 눈을 내리고 참선의 모습으로 앉아 있는 돌부처가 어머니의 빈방을 수호신처럼 지키고 있다. 나는 집을 보러 온다는 사전 약속을 받을 때마다 널려 있는 소품들 때문에 잠시 고민에 빠지기도 했다.

사람마다 생긴 모습이 다르듯 사물을 보고 느끼는 마음도 각기 다르다. 집 곳곳에서 잠재적인 가능성을 예측하는 낙관적인 사고를 지닌 사람이 있는가 하면, 작은 흠집이라도 발견하려는 듯 꼼꼼히 틈새를 챙기는 사람들도 있다. 그리고 아무 나무랄 데 없는 돌부처를 보고 종교의 특성과 우월을 따지는 우매한 사람도 이방인처럼 끼어 있는가 하면, 오히려 명상적인 모습에 자신의 참모습을 들여다보는 것 같은 표정을 지닌 사람도 있다. 어느 물건이든 다

짝이 있어 언젠가는 새 주인을 만나겠지만 이왕이면 오랜 기간 사이좋게 지내온 우리 가족처럼 오래 머물 수 있는 가족이 들어와 복되게 살다 가길 기원해 본다.

집도 혼인을 앞둔 사람과 같아서 여러모로 준비된 심성 고운 사람만이 좋은 배필을 만나 결혼에 성공할 수 있듯이, 어쩌면 정성을 기울여 가꾼 나의 집도 머지않아 새 주인을 맞이할 날이 올 것이다.

윤달

3층 높이로 웃자란 소나무 두 그루가 거실 창문을 통해 시야 가득히 들어온다. 사방으로 뻗은 가지마다 옹기종기 매단 솔방울을 자기 분신인 양 내보이며, 약한 미풍에도 움직이는 모습이 바람 잘 날 없는 부모의 마음을 엿보는 듯하다.

올핸 4년마다 맞이하는 윤달의 해란다. 무엇을 해도 손이 없이 좋기만 하다는 윤달은 부모님 산소 이장을 계획했던 분들에게는 좋은 시기의 해이기도 하다. 윤달이 들어 있는 올핸 음력 7월이 두 번에 걸쳐 있다. 그래서인지 올추석은 자연히 윤달에게 양보된 음력 8월 15일인 한가위가 평년보다 늦은 10월 6일로 자리하고 있다.

휘영청 밝게 떠오른 만월과 함께 햇과일과 햇곡식으로 정성껏

예를 갖춰 조상님께 올리는 후손들의 정성을 해마다 잊지 않고 계시겠지, 윤달로 인해 자손들의 성묫길이 늦추어진 연유도 다 헤아리고 계시리라. 길이 멀어 성묘는 가지 못하더라도 마음만은 부모님이 계신 선산에 가 머물고 젖무덤 같은 포근한 봉분을 가슴으로 감싸고 있노라면, 내 속을 다 헤아리고 계신 듯, 톡톡 등을 두드리며 어루만져 주실 것만 같다.

윤달을 맞이하여 우리 집도 20여 년 홀로 계신 아버님을 자손들이 살고 있는 미국으로 이장을 계획하게 되었다. 이장만은 하지 말라던 유언 같은 생전의 말씀을 뒤로한 채, 어머님과 자손들이 살고 있는 이곳 뉴욕으로 모실 것에 식구 모두가 뜻을 모았다.

지난주엔 삼 일 연속 내리는 우기에도 불구하고 뉴저지에 사는 지인의 소개로 두 시간 거리에 위치해 있다는 묘지를 남편과 함께 살피러 갔다. 주소 하나만을 달랑 앞세우고 잘못 들어선 국군묘지에서 1시간 반 이상 길을 헤맸다. 멀리서 수많은 비석들만 바라보고 무작정 들어선 것이 실수였다. 더구나 일요일을 택해 갔으니, 문의할 곳도 없어 엉뚱한 곳에서 고생만 하다가 돌아 나왔다.

옆길로 들어서니, 잘 정돈된 넓은 잔디밭이 시야에 펼쳐졌다.

그제야 정확한 주소지에 도착했음을 감지하고 안도의 숨을 내쉬었다. 잔디 틈새마다 동판을 깐 비문이 보이고, 아직 분양과정에 있는 곳곳엔 시멘트 위로 작은 숫자들이 풀잎에 가려져 주인을 기다리고 있는 메모리얼 팍. 땅 위에 올려놓은 동판을 응시하다가 왠지 모르게 봉긋한 봉분이 있는 한국적인 산소가 자꾸 눈에 아른거려 주춤거리고 있는데, 서로의 맘이 통했는지 지체 없이 남편과 서둘러 묘지를 빠져나왔다.

사실 부모님을 모시는 명당자리란 후손들이 잘되길 비는 맘에서 연유된 것은 아닐까 하는 생각을 해본다. 방위나 지형적인 위치를 우선으로 하는 우리들보다는, 비록 구석진 곳이라 해도 무덤자리에 새겨놓은 숫자의 선택을 중요시하는 중국인들의 개의치 않는 마음이 부럽기까지 하다. 명당자리 찾아 멀리 떠날 것이 아니라, 자손들이 부담 없이 언제고 찾아뵐 수 있는 근거리에 고인을 모시는 것이 어떨까 하는 생각이 서로 닿자, 한결 마음도 편해졌다. 끊임없이 내리는 비를 가르며 무사히 집까지 도착했다. 넉넉한 윤달에 힘입어 다음 주엔 남편과 주변에 있는 묘지를 더 둘러볼 계획을 세워본다.

옥천암

무사히 뉴욕에 도착하였음을 전합니다. 서울을 떠나기 하루 전, 시할머니께서 소싯적부터 다녔다는 '옥천암'에 작은어머니와 함께 다녀왔습니다. 주지스님께서 마침 부재중이라 뵙진 못했습니다. 1층 사무실에 들러 등과 백일기도 1년을 부탁드린 후, 백화도량 관세음께 3배로 시작하여 관세음보살이 계신 본당으로 올라가 각 보살님께 두루 3배씩 절을 올렸습니다. 그리고 친절하신 보살님들에 이끌려 아래층 식당으로 안내되어 점심 공양까지 잘 받고 왔습니다. 뉴욕 집으로 돌아와 옥천암 이야기를 남편에게 들려줬더니 무척 반가워했습니다. 자신이 어릴 적(네 살)부터 할머니 손을 잡고 종로 4가에서 홍은동에 위치한 절까지 걸어다녔다고 합니다. 모든 걸 잊지 않고 하나하나 기억하고 있더군요. "맑은 개울물이 흐르는 징검다리를 건너서 먼저 왼편에 계신 커다란 부처님께 절을 한 후, 할머니 손을 꼭 잡고 위로 올라가서 법당에 계신 부처님께 절을 하고 기도를 드렸다."고 생생한 어릴 적 기억을 떠올렸습니다. 언젠가 한국에 나가게 되면 꼭 찾아갈 계획을 품고 있었다고 합니다. 팔순의 나이에 어머님마저 기독교로 전향하신 이곳 가족들과는 달리 이제는 독야청청 홀로 제사지내고 맘속 부처님을 의지하며 지내온 시간들이 굳은 심지로 맘 한가운데 고독하게 자리하고 있습니다. 14시간 가까운 비행에도 건강한 몸으로 올 수 있었던 것도 모두 부처님의 가피라 생각합니다. 유리창을 통해 내다보이는 검푸른 바다 위로 솜사탕처럼 풀어놓은 뭉게구름과 석양의 붉은 노을이 앵글 속 소중한 피사체를 만난 듯 마음마저 설레게했습니다. 바쁜 일정에도 귀한 시간 내주시어 여러모로 도움을 주신 점 감사드립니다. 부디 건강하고 하는 일마다 좋은 결과 있으시길 빕니다.

5/ 12/ 2011 자원 엄마 드림

모모와 콘지

딸에게서 전화가 걸려왔다. 안부인사와 함께 콘지와 모모의 근황도 함께 알려왔다. 두 놈이 우울증으로 프로작(Prozac)을 처방받아 복용한 지가 두 달 가까이 되어간다고 한다. 고양이들에게 우울증이라니? 참으로 마음까지 착잡해졌다.

평소 잘 어울려 지내던 두 놈이 언제부턴가 서로에게 과격한 행동을 일삼고, 콘지는 과도한 스트레스로 자신의 꼬리털을 뽑아 보기 흉하게 남아 있다고 한다. 아무래도 이들의 행동이 전과 같지 않아 고심 끝에 고양이행동주의자(Cat behaviorist)를 집으로 불러 모모와 콘지의 상태를 의뢰했다고 한다.

두 놈의 행동을 관찰한 결과, 딸과 사위가 직장에 나가 있는 동안은 먹지도 않고 잠만 자고 딸 내외가 퇴근하고 집에 와 있는 밤 시간 동안에는 주인의 관심을 끌려고 자지도 않고 온 집안을 종횡무진 활기차게 돌아다니면서 주인에게 자신들의 존재를 알리려고 노력했다는 말을 들었다고 한다.

딸 내외의 분주한 일과로 한결같은 사랑을 받아왔던 두 놈에게 마음의 상처를 준 게 틀림없다. 모모와 콘지는 인간처럼 사랑의 결핍으로 인한 우울증을 앓고 있었다. 고양이 행동가의 친밀한 분석에 의해 모모와 콘지는 우울증 환자가 복용하는 프로작을 처방받았다. 약은 매일 일정한 시간에 사탕과 함께 먹게 하고, 그리고 관심을 갖고 가능한 많이 놀아줄 것을 당부 받았다고 한다.

가뜩이나 마음 졸이고 결과를 기다리고 있던 딸과 사위는, '프로작'이란 치료약이 있다는 희망적인 말에 왠지 고맙고 가슴까지도 뭉클해졌다고까지 내게 딸은 덧붙였다.

결혼 5년이 지나도록 아이도 갖지 않고 방문 때마다 자식들처럼 보살피는 세 마리의 다 큰 고양이들을 대할 때마다, 나는 은근히 부아가 치밀어 오르곤 했다. 그리고 인간과 동일시하려는 이들의 도도한 태도에 짐짓 놀라움을 느끼곤 했던 적도 종종 있었다. 구석구석 각자 차지하고 있는 세 놈의 변기와 전용 소파며 장난감들이 즐비하게 늘어져 있는 공간은, 누가 봐도 어린아이들의 전용 공간 같은 착각을 자아내기도 할 것이다.

언젠가 딸이 재롱을 피우고 있는 고양이들 앞에서 밝은 표정으로 내게 한 말이 문득 생각이 난다.

"엄마! 모모, 콘지, 미키는 전생에 우리들 자식이었는지도 모른다는 생각이 들 때가 있어!"

그러지 않아도 늦은 손주를 기대하고 있는 나에게 황당한 소리처럼 들려왔지만, 불편한 내색도 못 하고 짐짓 엷은 미소만 딸에게 짓고 말았다.

동물애호가인 딸과 사위는 요가와 자연과 가족을 중요시하며 사는 맑은 심성을 지닌 아이들이다. 자칫 딸의 영혼에 자존감을 건드리는 행위는 삼가야 하지 않겠는가.

토니 베넷의(Tony Benett)의 「I left my heart in San Francisco」를 찾아 듣는다. 감미로운 목소리가 잠잠했던 나의 마음에 그리움으로 피어 오른다.

발길 닿는 곳마다 앙증맞은 꽃들이 어우러져 있고 만나는 사람마다 밝고 생기 있는 모습으로 반기는 샌프란시스코, 그동안 딸 집과 아들이 있는 엘에이 지역은 비행기로 1시간 거리여서 한 해에 두 번은 오가며 무리 없이 지내다 오곤 했다.

일 년 전, 엘에이(LA)에서 근무하던 아들이 뉴욕으로 발령을 받아 온 후로는 딸 내외의 정성에도 불구하고 잠시 샌프란시스코행을 보류하고 있던 중이다.

어쩌랴! 조만간 일정을 잡고 자식처럼 보듬고 있는 미키, 콘지, 모모에게 손주들 들여다보듯 한번 다녀와야겠다.

소낙비

한여름 장마철도 아닌데 연일 쏟아지는 비로 인해 계획했던 일들을 접어두고 있자니 마음까지 고립되는 것 같은 기분이 든다.

비도 인간의 다양한 모습만큼이나 각기 다른 성질을 지니고 있나 보다. 지축을 흔드는 듯한, 요란한 천둥소리와 함께 내리치는 굵은 장대비는 야망으로 가득 찬 부리부리한 중년 남성의 다부진 모습을 보는 것 같다.

예의를 갖춘 사람마냥 격식 있게 내리는 비가 있는가 하면, 청명한 날씨에 상황 판단도 못 하고 뿌려대는 여우비는 까다로운 여인의 변덕만큼이나 밉상스럽다. 더욱이 오락가락하며 주관 없이 내리는 비는 우유부단한 사람의 성격을 엿보는 것 같아 답답하다.

우산을 받쳐 들지 않아도 좋을 만큼 조심스레 내리는 보슬비나 이슬비는 어느 날 길을 가다 맞닥뜨린 여인의 해맑은 미소와도 같은 산뜻한 기분마저 들게 해준다.

언젠가 집 근처에서 버스를 타고 플러싱에 있는 서점에 가기 위해 집을 나섰다. 버스가 도착지인 39애비뉴 선상에 이르자 예기치 않게 후드득하고 다급하게 쏟아지는 소낙비를 피해 근처에 있는 제과점으로 급히 비를 피해 들어갔다.

입구에서부터 풍겨오는 구수한 커피향이 어우러져 있는 아담한 제과점 실내 공간에서 나는 선명히 들어와 박히는 낯익은 그림 한 장을 주시하며 그림 가까이로 다가가 빈자리를 찾아 앉았다.

제과점 벽면엔 내 기억 저편에서 유영하는 아름다운 영상으로 남아 있는 그림 한 점이 오붓이 안겨져 왔다.

Gustar Klimt의 대표작인 「The Kiss」가 긴 액자에 담겨져 명암의 구별을 나누듯 흑백 사진 한 장과 나란히 옆으로 걸려 있다. 오래된 흑백사진은 뉴욕의 '라커펠러 센터' 빌딩을 건축할 당시 동원됐을 11명의 일꾼들이 높은 철제 빔 위에 올라앉아 있는 사진이다.

잠시 휴식을 취하고 있는 사진 속의 얼굴들은 하나같이 시공을 초월하여 소중한 땀 한 방울을 후세들에게 전해주는 것만 같은 느낌으로 다가왔다.

아름다운 색상의 감미로운 분위기를 자아내는 두 연인이 그려져 있는 「The Kiss」는 오래전 틴에이저였던 딸 방에 여러 해 동안 꿈과 낭만을 간직한 채 벽면 한쪽에 길게 걸려 있던 그림이다.

그동안 잊고 지냈던 그림을 이곳에서 다시 만나 소중한 보물이라도 발견한 듯 설레는 감정을 지니게 된 것은 때마침 쏟아진 소나기와의 인연이라 생각해 본다.

비 오는 날이면 습관처럼 나다녔던 넓은 주차 공간이 있는 플러싱 선상에서 나는 근처 서점에 들러 신간 한 권을 구입하고 옆길에 나 있는 제과점으로 들어가 언제나처럼 즐겨 찾는 찹쌀떡 한 개와 블랙커피 한 잔을 주문한다.

시간에 구애 없이 앉아 창가에 빗발치는 소리에 귀를 트이고, 펼쳐든 책과 더불어 소중히 간직한 물건을 아껴 보듯 가끔씩 올려다보던 그림 속의 두 연인과 사진 속의 소박한 얼굴들을 들여다보노라면, 이심전심으로 와 닿는 훈훈한 정감 같은 것이 마음을 어루

만져주는 것만 같은 착각에 빠져들 때가 있다.

또 비가 오시려나, 추적추적 손님 발길처럼 찾아드는 반가운 빗소리에 창문을 열어젖힌다.

한동안 몸이 아파 외출이 금지된 시간이 있었다. 오랜만에 걸려온 전화 속의 문우와의 약속을 위해 제과점을 찾았으나 벽면의 사진과 그림은 누군가에게 팔린 직후였다.

못내 아쉬운 심정으로 문우와 헤어져 집으로 돌아오는 길에 왠지 모를 슬픔이 꾸역꾸역 차올랐다. 자신이 빚어놓은 여인상 조각품 앞에 맘 조아리며 그리움으로 시간을 보냈을 '피그말리온'의 아픈 심정을 나눠 가질 수 있는 계기라도 된 걸까?

내일은 소낙비가 한두 차례 더 쏟아질 것이라는 일기예보를 나는 무심코 차 안에서 또 흘려듣는다.

가슴으로 울리는 북소리

북은 생명의 소리라고도 한다.

언제부턴가 내 마음속엔 작은 북 하나가 자리하고 있다. 때론 정성들여 추진했던 일들이 뜻대로 따라주지 않는다거나, 가끔씩 주변 일로 마음이 불편할 땐, 나는 마음속 작은북에게 중재를 청한다.

밀고, 달고, 맺고, 푸는 북의 장단은 우주의 기를 리듬으로 담아낸 소리라고도 한다. 소리의 템포를 자유자재로 이끌어가는 고수의 북장단에 한을 토해내듯, 애절하게 노래하는 판소리와도 같은 독백을, 나는 스스로에게 자주 흘려보내곤 한다.

두 아이들이 사전 약속이라도 한 듯, 모두 캘리포니아로 이주했다. 출판사에 몸담고 일하던 딸은, 산호세로 직장을 옮긴 내겐 아직 낯설기만 한 사위를 따라 직장과의 거리가 50마일이나 된다는 샌프란시스코에 살림집을 구해 갔다. 연방공무원인 아들은 2주간의 짧은 휴가를 마치고 근무지가 있는 LA공항으로 서둘러 떠났다.

무엇이 그리 장성한 자식들에게 마음을 빼앗기게 했는지, 아이들의 부재에 한동안 허전한 마음을 내려놓지 못하고, 괜스레 보상심리 같은 출구를 찾아 헤매게 되었다. 최선을 다한 과정에도 뒤늦게 미숙함을 발견하게 되고, 때론 혼신의 힘을 기울였던 자식 간의 관계에도 부족함을 발견하게 되는가 보다.

엉킨 실타래처럼 마음이 복잡해질 땐, 나는 북과 소리를 통해 조화 있는 삶과 아름다움을 시사한, 김영랑 시인의 「북」을 자주 떠올린다.

자네 소리하게 내 북을 잡지/ 진양조 중모리 중중모리 엇모리

잦아지다 휘몰아 보아/ 이렇게 숨결이 꼭 맞어서만 이룬 일이란 인생에 흔치 않아 어려운 일 시원한 일/ 소리를 떠나서야 북은 오직 가죽일 뿐 헛 때리면 만갑이도 숨을 고쳐 쉴밖에/ 장단을 친다는 말이 모자라오 연창을 살리는 반주쯤은 지나고 북은 오히려 컨닥타―요/ 떠받는 명고인디 잔가락을 온통 잊으오 떡 궁! 동중정이요 소란 속에 고요 있어 인생이 가을같이 익어가오/ 자네 소리하게 내 북을 치지.

―「북」의 전문

밀고 달고 맺고 푸는 북의 장단은, 자칫 기울기 쉬운 우리들 정서에 교감과 조화를 가져다주는 가슴속 나침반 같은 것이 아닐까. 가시화되기 쉬운 내면의 갈등에 자존감을 지킬 수 있는 태클을 걸어 오늘도 나는 가슴으로 울리는 북소리를 홀로 듣는다.

5

영에게 이명을 고하며

우화羽化를 꿈꾸는 문간방 비둘기

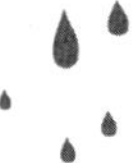

알루미늄 철판 위로 문간방 식구처럼 들어앉은 비둘기들이 둥지를 튼 지도 꽤 오래되었다. 밝고 깔끔한 이미지로 표출되어야 할 기프트 가게의 주홍색 간판은 그들이 배출한 오물들로 엉성한 페인트칠마냥 허옇게 덧칠해져 있는 날들이 부지기수다. 두루두루 말썽만 피우고 성가시게 구는 이들을 내쫓을 요량으로 갖가지 방법을 모색해 봤지만 번번이 실패로 끝나고 말았다.

하루는 단골손님인 '로시오'가 알 수 없는 미소까지 지으며 내게 귀띔해 준 부엉이와 딸랑이를 이용한 비둘기 퇴치법은 듣기만 해도 심술궂은 아이처럼 짓궂은 생각이 먼저 떠올랐다. 지체 없이 가까운 지인들에게 부탁하여 마련한 소품들을 가지고 부담없이 실행에 옮겨보았다. 그러나 부엉이 얼굴을 보면 무서워서 자리를 뜰 것이라는 로시오의 말과는 달리, 목각으로 빚은 부엉이 얼굴을 장난감인 양 부리로 콕콕 쪼아가며 노리개 삼아 놀고 있었다.

허긴 행동반경이래야 건너편 3층 빌딩 꼭대기에 올라가 앉아 있다 오거나 서너 블록 안팎을 드나드는 것이 고작인데, 어느 틈에 산중 부엉이를 보았겠냐만 그야말로 우물 안 개구리 같은 비전 없는 그들의 생활이고 보면 나 또한 엉뚱한 소품을 이용한 것이 아닌가 하는 생각이 들어 피식 웃음까지 나왔다.

그녀가 제시한 딸랑이 퇴치법도 워낙 문간방에서 소음 공해를 안고 살아서인지 잦은 바람에 더욱 요란하게 흔들거리는 딸랑이 소리에도 개의치 않고 꾸벅꾸벅 졸기까지 했다. 무용지물이 되어 버린 로시오의 아이디어를 곰곰이 생각해보았다.

층층시하 대식구를 거닐고 살면서도 불평 한 마디 없이 항상 밝은 모습으로 긍정적인 삶을 이끌어가는 그녀의 삶 방식대로라면, 무엇이든지 살겠다고 내 집으로 들어온 이상, 미우나 고우나 관심을 갖고 사랑으로 품고 지내라는 상징적인 표현과도 같은 말을 일깨워준 것이 아닌가 하는 생각이 문득 들었다.

오늘도 깃털까지 뽑혀져 흩날리는 강도 높은 싸움이 천막 사이를 오가며 또 시작이다. 얼마나 속이 상하면 제 피붙이를 내쫓으려 저리도 사투를 벌이고 있는 걸까.

어느 날 그들에게도 특이한 자식이 하나 태어났다.

각자 둥지를 찾아 떠난 형제들과는 달리, 부모 곁에 눌러앉아 때가 되어도 떠날 생각도 않고 좁은 공간에 웅크리고 앉아 부질없는 행동만 일삼는 아들에게, 항상 에둘러 타이르는 듯한 어미가 곁에 있고, 한편엔 힘으로 내쫓으려는 수컷의 무력이 뒤따른다. 연리지 같은 비둘기 부부에겐 뗄 수 없는 큰 혹이 붙어 다니는 셈이다. 부모는 자식에게 영원한 채무자와 같은 존재라던데, 그들에게도 인간처럼 남다른 고민을 지니고 사나 보다.

허구한 날 뙤약볕에 앉아 제대로 먹지도 못하고, 연일 알만 품고 노심초사 그 곁을 떠나지 못하는 어미 비둘기의 본능적인 행동은 식상하다 못해 처량한 생각마저 들게 한다.

갓 부화된 어린 새끼들을 보살피다가 어느 정도 시간이 경과되면, 홀로 서는 방법을 일깨워주듯 일체 먹이를 물어다주지 않는다.

이쯤에선 어린 새끼들도 떠나야 할 시기를 아는지 하루에도 여러 번 가장자리로 나와 서서 여린 두 다리를 가늘게 떨며 기우뚱거리는 양날개를 가까스로 폈다 접었다 하기를 수십 차례 반복하다가 어느 날 과감히 비상을 시도한다.

상가 주변에 들어앉아 고개만 내밀면 세상 돌아가는 이치를 훤히 꿰고도 남을 이 서식 공간에서 수년째 온갖 수난 속에서도 한자리만 고집하고 사는 우리 집 비둘기들은 필시 전생에 우리와 특별한 인연이 있는 게 아닐까.

때로는 구속 없이 자유롭게 나는 새들의 군무를 올려다보며, 내 문간방 비둘기들도 우화의 비상을 꿈꾸고 있는 것은 아닐는지, 비록 빛바랜 초상화처럼 잊혀지는 신세로 전락되어가는 신세지만 한때는 평화의 상징과 더불어 신화 속의 주인공들과 함께 근접조차 어렵던 귀한 존재들이 아니던가.

희로애락과 함께 소우주라 불리는 우리네 삶과 같은 그들의 일상을 가까이에서 들여다본다.

대상포진

대상포진이 찾아왔다. 전구 증상을 알리는 것 같은 근육통만이라도 일찍 알아챘어도 이처럼 큰 고통은 받지 않았을 게다. 참으로 다양한 형태로 찾아드는 통증 앞에 속수무책이다. 어릴 적 앓았던 수두바이러스가 증상이 사라진 후에도 내 몸속 신경절 어디엔가 잠복하고 있다가 면역력이 약해진 틈을 타고 통증이란 무기를 들고 60년 만에 대상포진이란 이름으로 자신의 존재성을 알려온 게다. 잠을 잘 수 없을 만큼 불편했던 오른쪽 허리통증으로 시작하여, 차츰 어깨 쪽으로 근육통이 옮겨가나 싶더니, 하필 훤히 보이는 오른쪽 목에 키스마크처럼 붉은 반점으로 자리를 했다. 그리곤 손 쓸 새도 없이 한쪽 귀 뒷면과 얼굴, 머릿속까지 신경세포를 따라 붉게 포진을 했다.

뒤늦게 처방받아 온 항바이러스제와 진통제도 무참히 가격당하는 감각신경의 통증을 완화시키기엔 역부족이었다. 바늘로 콕콕 찌르는 것 같은 예리한 통증이 분초를 다투며 찾아드는가 하면, 전기에 감전된 것 같은 찌릿찌릿한 강한 볼트의 전율을 느끼기도 하고, 때론 망치로 한 대 탁하고 머리를 가격당하기 일쑤고, 날선 칼로 살갗을 베이는 것 같은 섬뜩한 아픔도 번갈아 수시로 찾아온다. 이처럼 다양한 무기로 무차별 공격해오며 나의 온전한 의식마저도 통증 앞에 무력하게 만드는 대상포진, 그동안 내가 가장 아팠다고 입버릇처럼 말해왔던 오십견의 통증도 이에 비교가 되지 못하리. 왠지 누군가 내 아픔의 한계와 인내를 시험하는 것 같은 생각이 문득 들었다. 당하고만 있자니 은근히 오기가 생겨 맞대응이란 묘안이 순간 떠올랐다. 눈에는 눈, 이에는 이! 섬광처럼 팃포탯(Tit-for-tat)이란 전략이 뇌리를 스쳐간다.

마침 통증을 잊기 위해 이어폰 줄을 길게 늘어트리고 누워 유튜브에서 '범능' 스님의 불교 명상 음악을 찾아 듣고 있다가 잠시 심술궂은 생각을 해본다. 깜짝 놀라게 해줄 대응책으로 황병기 선생의 「미궁 1부」를 찾아 볼륨 높여 듣는다. 아니, 대상포진에게 들려준다. 누군가는 무서워 비명까지 지르며 연주 도중 문밖으로 나가기까지 했다는 미궁이다. 그러나 갑작스런 소프라노의 자지러질 듯 웃음 섞인 울음소리와 아픔의 앓는 소리가 아우러진 혼을 부르는 초혼의 노래는 황병기 선생의 연주로 쓰인 활, 장구채, 거문고, 술대들과 함께 강력한 무기의 도구처럼 이어폰을 타고 오히려 나의 신경통증만 더욱 무차별하게 증폭시켜나갔다. 나는 이내 불가항력적인 대상 앞에 스스로 백기를 들고 만다. 애초에 혼내주려 했던 기대와는 달리 보기좋게 빗나가고 말았다.

화이부동和而不同 — 같지 않은 것을 조화롭게 하다. 내 몸속 육 십지기 바이러스에게 함부로 대할 수는 없는 법, 진통제 두 알을 삼키고 조용히 눈을 감는다. 그리고 청아하고 아름다운 소리를 내는 황병기 선생의 가야금 선율을 골라 측은지심 몸을 맡긴다. 열두 줄 현을 뜯고, 튕기고 누르고 스치는 선생의 섬세한 손길마다 약손이 되어 어느 틈에 나의 아픈 신경 마디마디를 어르고 있었다.

그랬다. 스멀스멀 벌레가 기어가는 것 같은 시초의 느낌도

으슬으슬 춥던 몸의 징후들도. 어쩌면 나에게 명징한 선을 긋고 찾아온 대상포진이란 손님이 베푼, 예고 있는 관용인 것을 깨닫지 못했다. 그리고 장기간 관성처럼 부려온 내 육신과 정신의 안일함에 대상포진이란 혹독함이 내게 일침을 가한 것이었다.

영零에게 이명을 고하며

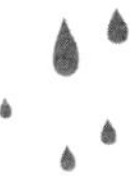

나는 원인 불명인 계절 알레르기를 앓고 있습니다.

그렇다고 남들처럼 몸이 가렵다거나 재채기나 콧물로 일상에 지장을 주며 나를 괴롭히는 것은 없습니다. 다만, 나의 오른쪽 고막이 제 기능을 발휘하지 못하여 이상 증상으로 오는 둔탁한 소리들입니다. 때로는 째깍째깍 주로 조용한 저녁 시간에 들려오는 초침 같은 소리가 한낮에도 나에게 무언가 재촉이라도 하듯, 시도 때도 없이 분침을 알려옵니다. 뿐만 아니라, 고개를 좌우로 돌릴 때마다 달그락 달그락거리는 소리가 찻잔 다루는 어머니의 분신처럼 들리는가 하면, 가끔은 싸한 소리와 함께 귓속 어디선가 새근새근 곤히 잠든 아기 숨소리가 들려오기도 합니다. 이러한 소리들은 제 몸의 방향과 각도에 따라 각기 다른 소리들로 자신들의 진솔한 언어로 나의 귓전에 고스란히 토해내고 있습니다.

어느 시기가 지났는데도 소리들은 여전했습니다.

의사는 내게 육안으로 들여다볼 수 없는 목 안 깊숙한 부위 어디엔가 종양을 의심했습니다. 입안 가득히 열기가 솟구쳐 오르는 정맥주사를 맞으며, 둥근 통 속에 목 부위를 깊숙이 들여넣고 캣 스캔까지 찍어 보았습니다. 그러나 아무런 이상도 발견하지 못했습니다. 다만, 특유한 알레르기 일종으로 한쪽 귀에 물이 차고 고막이 닫혀 생기는 증세라고 하면서, 내 귀가 소리들로 거북할 때마다, 의사는 가는 튜브를 이용하여 귀에 고인 물을 빼내고 닫혀 있는 고막을 기술적으로 열어놓으면, 소리들은 잠시 휴식을 취한 양 일주일 정도 잠잠하다가 다시 재발이 되곤 했습니다. 이젠 회복의 기미가 보이는지 두 주가 지나도록 나의 청각엔 더 이상 이상음이 들려오지 않았습니다. 이 또한, 천만다행으로 여겨야 할 텐데. 나는 괜스레 이명을 찾아나선 사람마냥 온몸을 여러 각도로 움직여 보기도 하고 온 신경을 불편했던 귀 쪽으로 집중해 보았지만, 어디엔가 갇혀 있는 소리들은 끝내 나타나지 않았습니다.

수학사상 위대한 공헌자인 영零인 당신에게 뜬금없이 나의 이명을 고하게 된 것은, 어떠한 산정 방식에도 변치 않는 영(0) 그대로의 모습과 또한 불교적인 색채가 짙은 공空 사상과도 잘 어울리기 때문입니다.

나는 미련처럼 귓속 소리들에 끈을 놓지 못하고 있을 때 마음으로부터 오는 소리를 환청에 의해 듣기도 합니다. 빗속에 울부짖는 청개구리 소리가 들리는가 하면, 심술궂게 검은 연기를 내뿜으며 악을 쓰며 달리는 완행열차 떠나가는 소리도 비몽사몽 간에 들려오기도 합니다. 우리 가족은 지난해 집중폭우로 한국에 있는 아버님 산소가 파손되어 미국으로의 이장문제를 논의한 적이 있습니다. 화장을 하여 누군가 보관하고 있다가, 어머님과 함께 합장해 드리자는 의견입니다. 모두가 일치된 의견을 보였지만, 맏며느리인 나는 한두 가지 걱정이 앞섰습니다. 미국이야 방위나 좌청룡 우백호도 따지지 않는다지만, 손이 없는 윤달에 이장하면 좋다는 말을 들어와서인지 올 윤달을 놓친 우리는 적어도 4년은 기다려야 또 맞이하는 달이 아닙니까?

사실, 부모는 살아계실 때 따뜻한 진지 한 그릇이라도 정성껏 대접해 드리는 것이 효도이지 돌아가신 후 풍수지탄을 한들 무슨 소용이 있습니까?

환청처럼 들려오는 개골개골 개골…… 아마도 미 전역에 퍼져 울고 있는 청개구리 울음소리인 듯합니다.

오십견에게 말을 걸다

하늘 높이 홰를 치며 훨훨 나는 새들이 부러울 때가 있다.

오감이 무딘 나이에 예고 없이 찾아와 처진 어깻죽지에 삶의 징표처럼 들어앉은 오십견, 불청객과의 불협화음으로 꽤나 시간이 흐른 지금도 서먹한 관계가 마음에까지 생채기를 내고 있다.

고된 노역에도 묵묵히 꾀병 한 번 없이 바지런히 움직여주던 내 오른쪽 팔이 인내의 한계를 넘어 반란을 일으킨 모양이다. 순발력이 처진 낡은 자동차도 잊지 않고 3천 마일마다 제때 엔진오일 갈아주고 일 년마다 한 번씩 차량검사로 합격선에 오르면 별 탈 없이 새 차 못지않게 잘 움직여 준다던데 그러고 보니 차보다도 못한 몸을 지니고 여기까지 왔나 보다.

언젠가 J형께서 농담처럼 하신 말이 생각난다. “가게 lease 3번 연장하고 새 차 3번 정도 갈아타면 어느덧 인생 황혼기로 접어드니 어느 시점에선 과감히 한 단계 뛰어넘지 못하면 폐차 신세나 다름없다.” 철학 같은 J형의 말이 새삼 떠오르는 시기다.

사실 20년이란 긴 시간을 한 장소에서 부레 없는 물고기와 같은 생활을 해왔는지도 모른다. 서릿발처럼 매서운 옹고집이 뭉쳐 있는 것 같은 오십견이 내 어깻죽지에 똬리 틀고 앉은 것은 아무래도 고된 삶의 멍에가 아니고 무엇이겠는가.

혼잡한 사거리에 고장난 신호등 앞에서 질서 없이 덤벙대는 차들의 행렬이 내 일상생활을 혼란 속에 빠뜨려 놓은 나의 오른팔의 마비와 비유될 수 있을까? 섬광처럼 스치는 짜릿한 통증이 어깨선을 타고 손아래까지 뻗어오면 예사롭지 않은 오십견의 위력에 나는 백기를 들고 만다.

초로의 관문처럼 남녀 가리지 않고 홍역처럼 찾아드는 오십견에게 나는 말 걸기를 시도해 보기로 했다. 언젠가 1박 2일 코스로 참석했던 심성수련 모임에서 익혔던 몸과 마음과의 대화를 접목시켜 본다. 전면이 들여다보이는 거울 앞에 앉아 의식을 치르듯 조용히 아픈 몸과 교감을 갖는다.

"미안하다. 그동안 고생 많았구나. 앞으로 잘 지내자. 사랑한다." 또한 어릴 적 어머니의 약손 앞에서 백약이 무효하다던 그 약손을 빌려 아픈 어깻죽지 고루고루 다독거려 본다.

언젠가는 내게 관용을 베풀어 주길 기대하며 오늘도 나는 거울 앞에 앉아 오십견에게 주술과도 같은 말을 건넨다. "사랑한다. 앞으로 잘 지내자. 그동안 고생 많았구나. 미안하다. 미안하다. 미안하다."

우담화의 뒤를 이은 황금돼지

정해년 돼지해를 맞이한다. 600년 만에 돌아온다는 황금돼지해라는 데 모두가 큰 의미를 부여한다. 먹성 좋고 두두룩해 보이는 돼지는 보기와는 달리 아이러니하게도 주위 환경에 매우 민감하다. 자칫 낯선 환경으로 옮겨져 스트레스라도 받게 되면, 온몸으로 저항하다가 급기야는 죽음으로까지 몰고 가는 난폭한 성질을 지니고 있는 반면, 한 우리에 있는 동료가 곤경에 처하기라도 하면 필사적으로 공격해 오는 용맹스런 동료애의 기질을 또한 겸하고 있다. 배가 고프면 육중한 몸을 민첩하게 움직여 요란한 소리를 내며 주인에게 자신의 배고픔을 필사적으로 알리는 돼지들.

올해는 돈豚이 금金으로 격상되어지는 정해년이다. 꿈속에서

조차 돼지를 보면 행운이 따른다는 돼지는 우는 소리마저도 꿀, 꿀, 꿀하고 무언가 안으로 끌어들이는 듯한, 달콤한 울음소리를 낸다. 새해인사로 "좋은 꿈꾸세요!"하는 덕담 속에서도 은연중에 표현되는 돼지, 무심코 잊고 지냈던 우리 속 안의 돼지들이 올해는 황금돼지의 신분을 지니고 인간의 삶 속에 느긋하게 들어와 자리한다.

결혼 전, 돈사가 있는 친척집에 인사차 들렀다가 낡은 왕진가방을 오토바이 뒤편에 태우고 아픈 돼지를 치료하러 온 수의사와 뜻밖의 조우가, 평생 동반자로서 한길로 뜻을 모아가는 우리 부부. 지난밤에는 참으로 잊고 지냈던 가축 이야기들로 자정이 훨씬 넘긴 시각에야 잠이 들었다.

매년 2회에 걸쳐 많게는 12마리의 새끼들을 순조롭게 출산시키는 어미 돼지들. 눈도 채 뜨지 않은 고물고물한 새끼들이 어미의 젖줄을 하나씩 물고 빨고 있는 모습은, 돈사가 있는 가정마다 힘든 시기를 살아온 부모 세대들에게 희망과 용기를 주던, 무엇과도 바꿀 수 없는 고맙고 소중한 생명들이었다.

질펀한 진흙탕에서 뒹굴기를 좋아하는 돼지들은 습성이 불결

하다기보다는, 퇴화된 땀샘으로 인해 한여름에도 땀을 흘리지 못해 기화열을 통해 열을 발산시키기 위한 수단이라고 한다. 흙탕물 속에서 피어나는 연꽃은 시각적인 아름다움을 주지만, 진흙탕에서 뒹굴며 크는 돼지는 죽어서도 하나 버릴 것 없이 인간에게 온몸으로 보시하는 참된 보살과도 같다.

우리에 갇혀 순명順命처럼 자라던 평범한 돼지들이 서민의 염원이 담긴 황금 옷을 입고 3,000년 만에 한 번씩 꽃이 핀다는 '우담화'의 전설을 뒤따르고 있다.

나의 분신들

돌 하나 집은 손끝 뚫어진 자리 골라 흑백이 토닥토닥 번갈아 고를 풀다 염주알 흩트려 놓고 죽자 살자 푸는 수. 쫓다가 쫓기다가 죽었다 살아나고 이 세상 바둑판도 이리저리 헛갈린다. 수, 수, 수, 수를 찾다가 별 수 없는 삶이여

— 「세상사」, 조종만

갑작스런 동생의 부음을 전해 듣고 엉뚱하게도 나는 조종만 시인의 「세상사」를 떠올렸다. 다섯 남동생들 중 유독 내 등에서 재롱으로 자랐던 심성 곱고 성실한 가장이던 그가, 알토란 같은 자식들을 셋이나 두고 무엇이 급해 한밤중 자다가 병명도 모른 채 떠나갔는지— 한동안 나는 황망해진 정신을 가다듬기 어려웠

다. 부모로부터 받은 몸을 소중히 관리하지 못한 것도 큰 불효라고 하던데, 지금쯤 동생은 먼저 가신 부모님을 만나 호된 꾸지람을 듣고 있지는 않을까 모르겠다.

눈길 한 번 주지 않았던 두툼한 의학서적 한 권을 구석진 책꽂이에서 빼어든다. 몇 해 전 '번스 앤 노블' 책방에서 구입한 해부학 서적을 펼쳐 복강 속의 장기들을 들여다본다. 좁은 복강 내엔 저마다 자신들의 고유색을 지니고 옹기종기 적정선을 이루고 있다.

묵묵히 맡은 역할을 담당하고 있는 간장, 위장, 비장, 췌장 그리고 작은 주머니 형태의 녹색 담낭까지, 모두가 어머니 자궁 속 모태에서부터 함께 자란 나의 분신들이 아닌가. 병에 대한 선입견을 지니고 하나하나 살펴보다가 이내 미운 감정을 허물어 버리기로 했다. 이들에게 무슨 잘못이 있겠는가.

장기 중 가장 무겁다는 오른쪽 늑골 아래에 위치한 간장에게 먼저 눈길을 준다. 매끈하고 보드랍게 생긴 적갈색의 모습에서 아시안들이 많이 앓고 있다는 B형 간염을 떠올려보기도 하고, 월식처럼 변해가는 울퉁불퉁해진 간도 연상해 본다. 간에는 신경이 없다고 한다. 자신도 모르게 병이 진행되고서야 나중에 큰 병임을 알아챘다고 한다. 그래서 우리들은 간을 '침묵의 장기' 라고 부르나 보다.

누런 변 덩어리 모양의 길쭉한 '췌장'이 위장 뒤쪽에서, 눈에 보이는 대상에게만 집착하지 말고 몸속 중요한 임무를 맡고 있는 자신에게도 관심을 가져달라고 빠끔히 얼굴을 내민다. 뒤이어 오장육부의 축소판이나 다름없다는 발이 자신의 두툼한 발바닥을 내어 보이며, 뭐니 뭐니 해도 주인님의 육중한 몸을 매일같이 실어 나르는 막중한 책임을 맡은 자신을 구박하지 말라며 가장 낮은 변방에서 존재성을 알려온다.

어느 것 하나 빠뜨릴 수 없는 몸속 소중한 장기들이다. 우리는 이들에게 조율사와도 같은 임무를 맡고 있다. 아플 때만 관심을 갖지 말고 조용히 몸속 분신들과 이심전심으로 감사한 마음을 지니고 '품앗이 사랑'이라도 해보자. 언젠가는 모든 걸 놓고 본향으로 돌아갈 땐, 정신과 육체 모두 건강하게 살다 왔노라고 자신 있게 말할 수 있도록 좋은 생활습관도 길러보고, 관성에 젖어 외면해왔던 내 몸속 장기들에 따뜻한 시선을 갖고 훗날 멋진 삶의 마감을 위해서라도 과욕하지 말고 질서 있는 삶을 하나하나 터득해가도록 노력해보자. 오늘은 어제 유명을 달리한 사람이 그토록 살고 싶어 하던 그 내일이 아니던가.

꿈속의 견공

죽어 잠시 저승길에 다녀왔다는 이웃에 사시는 민호 할머니가 계셨다. 하얀 개를 따라 이승으로 돌아오는 길에 함께 물속으로 빠졌는데, 얼마 후 눈을 떠보니 곁에서 가족들이 울고 있더라는 설화 같은 이야기가 병술년 개띠 해를 맞아 남다른 감회가 견공들을 바라보는 나의 시선마저 변하고 있다.

서른한 살 노총각과 맞선을 본 지도 엊그제 같은데, 어느 세월에 이순의 나이를 넘어 환갑을 맞이한 남편, 흰머리는 연륜이 깊은 남자들의 상징 같은 것이라면서 서릿발처럼 자란 하얀 머리까지도 고수해 오던 남편이 요즘, 좀처럼 볼 수 없던 밝은 이면을 드러내 보인다.

새해 문안인사차 들른 아들에게 무심코 던진 어머니의 덕담 한 마디,

"올핸 아범의 해이니 뭐든지 맘먹은 대로 잘될 거다!"

노모의 걱정 어린 용기가 그리도 마음에 와 닿은 것일까, 다람쥐 쳇바퀴 돌듯 지내온 이민자의 나이 60은 곳곳에 억울함도 녹아 있으리라.

모든 건 마음먹기에 달렸다는 일체유심조의 의미를 뒤늦은 나이에 터득이라도 한 것일까. 예전과 달리 매사를 긍정적으로 받아들이는 남편의 변모된 마음도 어쩜 견공들의 숨은 공덕이 아닐까 하는 생뚱맞은 생각도 들었다.

꿈속 이야기로 들어가 본다. 어느 날 귀여운 푸들 한 마리가 길 건너편에서 나를 보고 반갑게 달려와 내 손목을 잘근잘근 깨물며 꼬리까지 흔들며 여간 살갑게 구는 게 아니다. 나는 하는 짓이 예뻐 푸들의 앞다리를 두 손으로 맞잡고 길 한복판으로 나아가 빙빙 돌며 함께 춤을 추었다. 꿈속에서나 일어날 수 있는 희한한 광경은 며칠이 지난 후에야 내게 질병의 위험성을 경고해주는 꿈이라는 걸 깨닫고 꿈속 푸들에게 감사한 마음까지 들었다. 흰 강아지

는 옛적이나 지금이나 생명에 관여된 임무 수행 역할을 변함없이 하나 보다.

여러 해 전의 일이다. 섣달 그믐날 밤, 새해를 맞이하는 소망의 기도가 유난히 별스러웠던지, 신년 초부터 뜻하지 않게 개에게 발목을 물리는 꿈을 두 번이나 꾸었다. 꿈속에서도 물린 부위가 어찌나 아팠던지 잠결에 손이 저절로 물린 쪽으로 가곤 했다.

모든 일은 시간이 지난 후에야 결과를 알 수 있듯이, 꿈 해몽에 아둔한 나는 연속적으로 들이닥친 황당한 일들을 겪은 후에야, 비로소 개로 형상화된 꿈의 의미를 뒤늦게 해석해 보곤 했다.

한밤에 가게 뒷문을 부수고 들어온 양상군자로 인해 적잖은 물질적 손해를 보았다. 그리고 일주일 후엔 랜덤(random) 방식에 의해 무작위로 뽑은 세무감사에 우리 가게가 떡하니 선택되어 있었다. 이러한 사건으로 인해 꿈속의 누렁이 견공은 경고의 메신저 역할을 한다는 것 또한 알았다.

오고가는 곳곳에서 여러 종류의 개들과 자주 마주친다. 주인과 나란히 길을 걷고 있는 개들을 유심히 쳐다보면, 어딘지 모르게 주인과 닮은 부분도 눈에 들어온다. 우리 부부와 잘 알고 지내는 외국 노인 한 분이 이웃에 사신다. 그 노인은 자식처럼 키우는 애견을 부인처럼 곁에 두고 때론 독백처럼 긴 말을 흘리게 되면, 잠자코 경청하고 있던 애견이 주인의 속마음을 다 안다는 듯이 말이 끝나기가 무섭게 끙끙대며 주인을 감싸듯이 품속으로 안겨든다.

리허설이 없는 외로운 인생길에 희로애락을 같이하는 견공들은 단순한 애완동물 이상의 큰 몫을 인간들에게 가져다준다.

인류의 공헌 견으로써 편안한 여생을 꿈꿀 수 있는 견공들의 위상을 병술년 새해를 맞아 원단元旦의 작심처럼 염원해 본다.

세미터리

Section 11-A R126

오랜 세월 견디어 왔을 돌 비석, 생면부지의 낯선 이웃들과 잘 지내고 계시는지, "죽어서 땅에 묻힌 사람이 없는 한 그곳을 고향이라고 말할 순 없는 법이오!" 가브리엘의 소설 『백 년의 고독』의 호세 아르까디오 부엔디아의 매몰찬 음성이 궤적 같은 시간을 몰고 와 귓전에 풀어 놓는다. 이젠 아버님이 묻힌 이곳은 부유할 수 없는 제2의 고향이 되려나 보다.

아릿한 이끼 냄새가 날 것만 같은 160년 역사를 지닌 죽은 자들의 성전, 생전에 누구엔가 특별히 의미를 준 많은 사람들이 육신의 옷을 벗고 소리없이 들어와 영혼의 세월을 낚고 있는 이곳,

봉분은 없어도 비석만은 세울 수 있다는 소리에 귀가 쏠려 생전에 다하지 못한 사랑의 언어를 비문에 새기고 빛바랜 영정사진과 함께 아버님을 모시게 된 뉴욕의 Flushing Cemetery, 오고가는 출퇴근길에 잠시 들러 아버님께 인사라도 드리고 가는 날엔, 왠지 이심전심으로 전해오는 아버님의 훈기 같은 것이 마음을 편하게 해 주는 것 같은 느낌이 드는 것은, 아마도 연륜 깊은 묵언의 말씀에 뒤늦게 철이 들어가나 보다.

낮게 포복한 주변의 비석들을 뒤로하고, 곳곳에 세워진 대리석으로 단장한 고인들을 모신 마슬리움(mausoleum) 앞에 다가섰다. 호기심에 굳게 닫힌 철제 문 틈새로 안을 들여다본다. 오묘한 빛의 신비로움에 탄성을 자아내던 어릴 적 만화경 속 같은 내부엔 십자가, 예수, 마리아, 불사조가, 죽어서도 영생을 약속한 여러 형상들이 성경 구절과 함께 멋진 성채의 빛을 드러내며 스테인드글래스(stained glass)에 오롯이 새겨져 있다. 후손들의 갸륵한 정성만은 인도 무굴 제국의 황제 샤자한이 생전에 사랑했던 왕비를 위해 22년이나 걸려 완공했다는 인도의 타지마할(TajMahal)에 버금가는 묘지만큼이나 정성을 다해 꾸며놓았다.

묘석 위로 시나브로 흩날리는 하얀 꽃잎들이 그윽한 풍경소리와 함께 애잔하게 마음을 흔든다. 세월 앞엔 왕후장상도 별수 없다는 말이 문득 스친다. 세상이란 넓은 무대를 배경 삼아 자유자재한 삶을 살다 갔을 많은 주인공들이 하나씩 차지하고 누워 있는 자리마다 고인들의 넋을 기리는 비석과 함께 염라대왕만이 알 수 있다는 생의 마감 연월이 비문과 함께 각인되어 있다.

울음소리 그치고

한여름 뒤뜰에서 열심히 울어대던 매미가 곡기 같은 울음소리를 멈추었다.

많게는 17년이란 긴 시간을 애벌레로 지내다가 우화등선羽化登仙하여 세상 밖으로 나와 불과 한 달 가까운 삶을 오로지 짝을 찾기 위한 울음소리를 내다 떠난다는 매미의 짧은 생의 여정, 제 할 일 다 마쳤는지 뒤뜰 보도 위에 여섯 다리 가지런히 안으로 접고 두 겯눈엔 세상 기억 박아 놓고 자는 듯이 꿈결같은 짧은 한철 생을 마감했다.

봄 · 가을을 모르고 한철밖에 못 사는 매미나, 긴 수명을 지닌 인간의 목숨이나, 생사를 주관하는 자연의 '숨질' 앞에 꼼짝없이 목숨 줄을 내놔야 하는 가엾은 존재들인가. 숨질 멈춘 매미 살포시 집어 손바닥에 감싸고 거실로 들어와 마른 단풍잎 하나 가져다가 올려놓고 매미의 영정사진 하나 정중히 카메라에 담는다.

삶과 죽음은 한몸으로 태어나 생을 다하면 어디에도 얽매이지 않는 자유로운 영혼으로 남는 것일까. 조금 전 몸을 벗은 매미의 영혼은 지금쯤 천지간을 자유자재로 넘나드는 자유로운 영혼이 되어 어쩜 차곡차곡 다음 생을 야무지게 준비하고 있는지도 모르겠다.

슬퍼하지 말자, '어려서 죽은 아이보다 오래 산 자는 없으며 칠백 살을 살았다는 팽조는 요절한 자'라고 하지 않던가. 매미의 의연하고 숙연한 죽음 앞에서 무위자연無爲自然을 설했던 장주가 문득 생각이 나고, 장자莊子의 철학우화가 조용히 들어와 부질없는 마음을 달랜다.

6

보고 싶을 땐 한 알

사월의 센트럴 파크

집 주변 주택가마다 우윳빛 속살의 자목련이 연꽃 같은 꽃잎을 열었다. 소리 없이 내린 지난 밤 세우細雨에 낮게 자리한 봄의 전령사 보랏빛 크로커스도 해맑은 수선화와 부쩍 키를 늘렸다.

맨해튼 5th Ave 선상에 있는 애플 매장에 가기 위해 오전에 집 부근에서 맨해튼으로 향하는 직행버스에 올랐다. 매장에 도착하여 13인치 맥 북 가방을 하나 사들고 나와 근처에 있는 센트럴 파크로 발길을 옮겼다.

플라자 호텔 앞에 이르자, 깃털과 인조 꽃으로 멋진 장식을 한 마차들이 한 시간에 130불의 요금에도 불구하고 관광객들을 가득 태우고 경쾌한 말발굽 소리를 내며 다투어 길을 나서고 있다.

낮게 둘러진 공원 담벼락 아래로 나 있는 입구를 통해 공원 안으로 들어섰다. 물오른 초목들 사이로 노란 개나리와 들꽃들의 고운 자태가 곳곳에서 밝게 시선을 끈다.

뉴욕의 맨해튼 중심부에 자리하고 있는 뉴요커들의 쉼터인 센트럴 팍은 자연을 손상하지 않고 그대로 살려서 조성한 친환경적인 공간이다. 곳곳엔 많은 영화와 드라마의 배경지로도 이름이나 있다.

공원 주변엔 암석으로 된 크고 작은 바위들이 많이 자리하고 있다. 하나같이 오체투지와 같은 겸손한 자세로 쉴 수 있는 넉넉한 공간을 제공하는 바위들이 고맙다. 연못가 근처에 있는 큰 바위산에 올라서 전방에 보이는 '울만 아이스링크'를 내려다본다. 5월부턴 어린이 놀이기구들로 선보일 '빅토리아 가든'이란 이름으로 재정비하느라 빈 공간으로 얼음이 녹길 기다리고 있다.

이곳 울만 아이스링크는 '에릭 시걸'의 자서전적 소설을 영화한 「러브스토리」 촬영지이기도 하다. "사랑하는 사람에겐 미안하다고 말하지 않는 거야." 젊은 주인공들의 애잔한 속삭임이 가까이에서 들리는 듯하다.

오래전 누군가 2개월간의 짧은 시간을 마치고 뉴욕을 떠나면서 "작은 물건이라면 호주머니 속에 넣어가고 싶어!" 문득 그의 어눌하고 애틋한 음성이 잠시 환처럼 스쳐 지나간다.

과거 양 떼들을 방목하여 키웠다는 넓은 잔디밭이 있는 '쉽 메도우' 초록 공간엔 언제나 많은 사람들로 가득 차 있다. 언젠가 사진동호회원들과 파노라마사진 연습 장소로도 택해 몇 번 와본 곳이라 자연히 시선이 머문다.

샛길로 나와 150년 수령을 지닌 느릅나무들이 넓게 수목을 이루고 있는 '더 몰(The Mall)'의 산책로로 들어섰다. 길게 나 있는 나무의자마다 일률적으로 박혀 있는 고전적인 아이언 기둥이 이채롭다. 어디선가 들려오는 맑고 청아한 하프 선율에 잠시 멈추고 귀를 기울인다. 거리 악사들의 자유로운 예술혼을 맘껏 펼칠 수 있는 이 길은 무명의 화가들도 빛을 발하는 곳이다.

'더 몰'과 만나는 끝 지점엔 많은 사람들이 즐겨 찾는 물의 천사상이 서 있는 '베데스다 분수(Bethesda Fountain)'와 테라스가 있다. 지난 9월엔 천사상이 있는 분수대 안에 여느 때와는 달리, 훌쩍 자란 연꽃 두 송이와 분홍과 보라색 수련이 멋진 자태로 피어 있었다. 수련 주변으로 많은 사람들이 둘러앉아 사진도 찍고 담소를 나누며 즐거운 시간을 보내고 있는 걸 보고 왠지 마음까지 흐뭇해졌던 기억이 인다.

호수를 사이에 두고 마주 보이는 보트하우스엔 이른 시기임에도 불구하고 차례를 기다리고 있는 사람들로 가득하다. 호숫가 주변으로 연둣빛 수양버들이 춘풍에 잔잔한 물결 같은 몸짓을 아우르며 호수 위에 제 그림자를 풀어 놓았다.

돌 의자에 잠시 앉아 쉬다 호수 길을 따라 걷고 있는 중년 부부의 뒤를 따랐다. 체리 힐과 램 불 숲길을 잇는 주철로 된 화살 모양의 보 브리지에 닿았다. 호수를 가로지른 우아한 다리의 보 브리지는 가장 로맨틱한 장소로도 불린다. 다리 아래로 연인들을 태운 두 개의 보트가 유유히 물살을 가르며 지나가고 있다.

다리 난간에 기대어 서서 얼굴을 맞대고 생글생글 웃으며 스마트폰으로 자신들의 모습을 담고 있는 두 소녀의 밝은 모습에서 풋사과 같은 향이 번져올 것 같다.

들어올 때와는 달리 웨스트 방향 출구를 향해 걷다가 물가에 서서 고즈넉한 표정으로 노을빛을 바라보고 서 있는 오렌지색 가사를 걸친 두 분의 스님과 마주쳤다. 붉은 가사 자락이 간헐적으로 펄럭일 적마다 순간적으로 더 게이츠(The Gate)가 연상되어 왔다.

23마일에 달하는 센트럴 파 산책로를 따라 4.87m 높이의 왕복할 수 있는 넓은 문을 세우고 그 문 위에 7,500개의 오렌지색 천을 매단 작품인 더 게이츠(The Gate), 뉴요커 아티스트인 환경미술가 크리스토와 장 클로드 부부가 2,100만 달러의 사비를 들여 26년 동안 계획하고 추진해 왔던 그들의 혼과 같은 작품이다. 2005년 2월 잿빛 센트럴 파크를 붉게 물들였던 두 노장의 작품이 아직도 그날의 설렘과 함께 생생하게 전해져온다.

봉긋하게 솟은 흰 목련꽃 아래서 삼각대 위에 카메라를 올려놓고 묵묵히 스님들의 일거일동을 사진으로 담고 있는 중년 남성을 보았다.

잠시 천지의 뼈와 같은 바위에 기대고 앉아 작가의 단호한 예술혼이 깃든 표정도 함께 지켜보다가 늦은 오후가 돼서야 시간에 쫓기는 사람마냥 서둘러 공원을 나왔다.

천년 숨결이 담긴 경주PEN대회

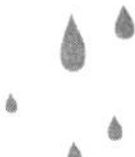

15명의 미 동부지역 펜 회원들과 문학, 미디어, 인권을 주제로 열린 제78차 경주PEN대회(9/9/12~9/15/12)에 참석하고 꿈같은 일정을 보내고 왔다.

개막식 당일, 서울역에 모인 펜 회원들과 합류하여 KTX 기차를 타고 신경주역에 도착한 일행들은 대기하고 있던 버스로 개막식이 열리고 있는 현대 호텔까지 무사히 도착했다.

회의장 입구에 마련된 등록데스크에서 각자 회원등록을 마친 후 이름과 분과가 적혀 있는 명찰을 하나씩 받아 목에 걸고 회의장으로 들어갔다.

넓은 컨벤션홀엔 각국에서 모인 펜 회원들로 가득 자리를 메우고 있었다. 그동안 글로만 대했던 한국 원로 문인들을 가까이에서 대하고 보니 감개가 무량했다.

이길원 펜 이사장의 환영사와 '존 콜스톤 소울' 국제PEN 회장의 개회사에 이어 오전, 오후로 나누어 이어령 교수의 '가장 오래된 미래의 길'과 노벨문학상 수상작가인 월레 소잉카의 '마법의 등불', 그리고 르 클레지오의 '커뮤니케이션은 자연스러워야 한다.' 세 분 거장들의 기조강연이 차례로 오후까지 이어졌다.

회원 모두가 각국 동시통역 이어폰을 귀에 끼고 불편 없이 모든 일정을 소화해낼 수 있었다.

시인(Poet), 극작가(Playwriter), 수필가(Essayist), 편집자(Editor), 소설가(Novelist)를 뜻하는 PEN은 세계 유일한 문학단체로서 영국 런던에 본부를 두고 있다. 1970년과 1988년에 이어 세 번째로 한국에서 열리는 '한국경주국제PEN대회'이다.

흰 머리와 긴 수염이 인상적이었던 아프리카 최초의 노벨상 수상자인 나이지리아의 월레 소잉카(1986년)는 이번 기조강연(마법의 등불)에서 "나는 창조한다, 고로 나는 존재한다."라는 명언을 남겼다. 그는 어린 시절 만화경 속 세상에 빠져들어 무한한 창의적인 글을 쓸 수 있었다고 한다.

큰 키에 다소 낭만적으로 보이는 프랑스의 르 끌레지오(2008년 수상)는 "사랑하는 임이 그립거나 배가 고프다고 느끼거나, 버림을 받았다고 느끼거나, 무언가 채워지지 않는다고 느낀다면, 글쓰기의 모험을 떠날 준비가 충분하다는 신호다." 라고 '나의 삶과 문학'에서 피력했다.

참석하기로 한 터키의 노벨상 수상자인 오르한 파묵은 행사 직전 모친이 위독하여 불참했다고 한다.

무엇보다 이번 펜 총회에서 28명의 망명 북한 작가들의 PEN센터 가입이 만장일치로 통과되어 모두가 환호했다. 전날 경주 예술의전당에서 열린 문학포럼 '표현의 자유와 미디어'에 이어 저녁엔 북한의 요덕 수용소 출신인 탈북 문인 김영순 작가의 실화를 담은 「요덕 스토리」를 뮤지컬로 관람했던 터라, 망명 북한 작가들의 펜 센터 가입에 적극 동참하며 모두 힘을 실었다.

13일 오후엔 인각사 절을 단체로 방문했다. 선덕여왕 11년(642)에 의상대사에 의해 창건된 인각사는 일연 스님의 『삼국유사』 집필지이기도 하다.

인각사 법당 천장에 애도의 물결처럼 매달려 있는 붉은 연등을 올려다보니 문득 고은 시인의 말 한 마디가 스쳐 지나간다.

> 나는 내 시의 본질을 애가라고 내정합니다. 내 문학은 그러므로 애도의 문학이기도 합니다.

수많은 시대의 제물이 된 생명들의 죽음이 시인으로 하여금 애도의 문학으로 그들의 영혼을 어르고 있는지도 모른다.

인각사 절을 나와 버스로 군위군에 위치한 '일연공원'으로 자리를 옮겼다. 김대균의(중요무형문화재) 민속 줄타기 묘기와 '천년의 사랑, 천년의 기다림'이란 부제가 달린 『삼국유사』 뮤지컬 공연을 감상하고 늦은 시각 숙소로 돌아왔다.

시낭송에 앞서 대금 연주를 해 주신 '가람' 시인의 아름다운 대금 선율이 아직도 남아 있다. 뉴욕 회원으론 이일호, 황미광, 이정강, 장석렬 시인이 시낭송회에 참가하여 자신들의 시를 낭송하는 기회를 가졌다.

작가들의 북사인회 시간엔 길게 줄을 섰다가 책이 부족하여 많은 회원들이 아쉬움을 뒤로하고 되돌아섰다. 재빠르게 소잉카와 끌레지오의 책을 구입하고 각각 제 1번 번호표를 받아 두 작가로부터 제일 먼저 북 사인을 받았다는 장석렬 시인의 민첩한 행동에 모두 두 손을 들고 말았다.

저녁엔 칠순을 맞이하게 된 최 고문의 칠순잔치를 황 시인 지인께서 오셔서 잔치상을 마련해 주고 성춘복 선생님도 부인과 함께 참석하여 분위기 있는 조촐한 축하의 시간도 가졌다.

나름 기회가 되면 배병우 사진작가가 즐겨 찾는다는 삼릉소나무숲길과 남산에 한 번 다녀오려고 맘먹고 있었는데, 마침 이일호 시인의 권유로 윤관호 시인과 함께 셋이서 오전 일정도 빼먹고 과감히 산행을 시도했다.

주변 사람들에게 알리지 않고 잠시 다녀오리라 생각했던 남산길이 이일호 시인의 다리 통증으로 인해 쉬다 걷다 하며 오는 바람에 어둑할 때가 돼서야 숙소에 도착하여 저녁도 굶고 억지 잠을 청했던 일이 무슨 비밀이라도 되는 양 한동안 말도 못 하고 지냈다.

빈틈없이 짜여진, 스케줄을 따라 주무대인 컨벤션홀을 중심으로 다이아몬드, 토파즈, 제이드, 금강, 사파이어, 오팔, 에메랄드,

루비, 크리스탈의 각 홀을 드나들며 각국의 회원들과 꿈같은 설렘의 시간을 보냈다.

식사 때마다 신선한 재료들로 정성이 가득 담긴 다양한 음식을 대할 적마다 감사한 맘이 절로 우러나왔다.

5박 6일간의 펜 일정을 무사히 마치고 몇몇 문우들과 어울려 거센 삼바 태풍 기간에도 불구하고 4일 5일 동안 곳곳의 사찰 여행을 감행했다. 여행지마다 뛰어난 주변 풍광들이 마음에 수채화처럼 짙게 남아 있다.

3주 가까이 한국에서 지내다 집에 와 짐을 정리하고 보니 선물로 받은 시집과 각종 공예품들이 곳곳에서 건네받은 명함과 함께 쏟아져나왔다.

고양이는 부를 상징한다고 말하면서 A4용지에 고양이 얼굴을 그려 梁貞淑 女士라고 적어 내게 준 백발의 대만 시인 林煥彰의 고양이 그림과, 홍성란 시선집(『백여덟 송이 애기메꽃』), 빈소영 시인의 『하늘 도서관』, 그리고 최금녀 시인께서 『길 위에 시간을 묻다』 집으로 보내 주셨다. 사인까지 곁들인 세 분의 귀한 시집을 받고 보니 나름 작가사인회에서 받지 못한 아쉬운 마음을 털어낼 수가 있었다.

고국엔 몇 해째 노벨상 수상자 후보로 오른 고은 시인이 계시다. 머지않아 한국에서도 노벨상 수상 작가가 나오길 기원해보며 설레는 맘으로 함께했던 미 동부지역 펜 회원들께도 감사드린다.

폭설

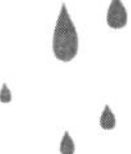

이른 아침부터 폭설로 인한 안부를 묻는 전화가 사방에서 걸려왔다. 오늘은 몸담고 있는 문인협회 제22차 정기총회가 있는 날이다. 이런 악천후 속에 몇 명이나 모일지 가늠할 수 없는 회원들의 수가 먼저 앞선다. 오후엔 윤 시인이 전화를 하여 함께 타고가자고 연락이 왔다. 항시 상대를 배려하는 넉넉한 마음씀이 오늘도 여러 명의 문우들을 태우고 갈 모양이다.

오후 7시, 후러싱에 위치한 금강산식당 회의 장소에 도착하자 눈길을 헤치고 곡예를 하듯 조심스레 달려왔을 회원들이 총 78명의 회원 중 26명이 있었다. 이런 혹독한 날씨임에도 불구하고 편도 4시간 거리를 기차와 버스를 갈아타고 먼 길을 오신 여영자 시조시인, 적잖은 연세임에도 불구하고 문학 강좌나 회의 때마다 빠짐없이 참석하는 열의와 모범을 보이시는 분이라 항시 먼저 시선이 간다.

오늘의 식사는 예전의 뷔페와는 달리 모두가 따끈한 국물이 있는 육개장, 우거짓국, 된장찌개, 설렁탕으로 훈훈한 식사를 마쳤다.

두 명의 신입회원이 참석하게 되어 각자 돌아가며 자신을 소개하는 시간도 가졌다. '시를 쓰는 누구입니다.' '수필을 쓰는 누구입니다.' 모두가 등단작가임에도 불구하고 그 누구도 수필가로, 시인으로, 자신을 소개하지는 않았다. 글 쓰는 작업은 완성도가 없는 완성을 위해 꾸준히 자신을 담금질하며 쓰이는 영원한 진행형 같은 게 아닐까 하는 생각을 문득 해 본다.

일 년간 집행부의 수고가 담긴 회의자료 업무보고 란을 살펴보다가 옥에 티처럼 빠져 있는 12월 문학 강좌의 빈자리가 눈에 들어온다. 최 고문의 '피천득 선생 탄생 100주년의 해'를 마감하는 기념 세미나가 A4용지 끝자락까지 담지 못한 프린트의 한계선으로 인한 실수이리라. 피천득 선생을 향한 열정으로 많은 참고서적을 들추며 10페이지나 되는 분량의 글들을 정성으로 담아 성심껏 강의를 해주셨던 최 고문의 모습을 잠시 떠올려 본다.

신년특강 — 우학 스님. 뜻밖의 두 분의 스님을 정기총회 자리에 모셨다. 뉴욕을 방문하고 밤 귀국길을 서너 시간 앞둔 우학 스님을 1월 특강 강사로 맞이한 우리는 다소 낯선 분위기였다. 뉴욕불교방송 제작과 진행을 맡고 있는 회장 덕에 이미 지난 7월과 10월엔 수필가이신 황찬연 신부와, 혜민 스님을 강사로 모시고 뜻있는 자리를 가졌기에 별다른 생각 없이 받아들였는데, 반수의 회원들이 폭설로 인해 갈 길이 염려되어서인지 하나둘 서둘러 자리를 떴다. 순간, 아쉬움과 함께 여고 시절 친구와 함께 본 영화 「초대받지 않은 손님」이 클로즈업되었다. 백인 처녀 조이는 여행 중에 장래가 촉망되는 유능한 의사인 흑인 존을 만나 사랑에 빠진다. 둘이서 결혼을 결심하고 존을 집으로 초대하여 부모님께 소개하자, 딸의 결혼 상대가 흑인이라는 것에 크게 실망하고 당황한다. 1967년 스탠리 크레이머 감독의 인종문제를 다룬 영화다. 유명한 흑인배우 '시드니 포이티어'와 '케서린 휴턴'의 매력적인 연기가 엄마로 나오는 케서린 헵번의 고운 모습과 함께 어우러져 오랫동안

내 기억에 남아 있는 영화다.

스님의 강의가 열 명 남짓한 회원들의 계속되는 질문 속에 이어졌다. 앞자리에 앉아 열심히 강의를 듣고 질문을 하며 불교서적을 추천까지 부탁하는 복 시인에게 시선이 간다. 타 종교에 대한 경계의 선을 허물고 하심과 같은 자세로 귀 기울이며 편식하지 않고 다양한 사물들을 시인의 질량으로 삼고자 노력하는 복 시인. 그녀의 마음 자세가 왠지 앵글 속 소중한 피사체를 만난 것처럼 신선한 충격으로 와 닿았다.

사람마다 각자 지닌 개성과 특징이 있어 남이 나와 같아지기를 바라지 말고 나라는 상을 버려야 한다는 스님의 말씀이 그가 강조하던 색과 공에서 비유되는 보이는 물체와 비워 있음의 경계에서 진리를 배운다.

밤새 고운 눈이 축복처럼 내려와 온 천지를 눈꽃으로 피어나 백옥 같은 사물들이 마음에 꽃이 되던 오늘, 나는 수면 높이 솟아 있는 7월의 홍련 한 송이를 가슴에 그려본다.

보고 싶을 땐 한 알

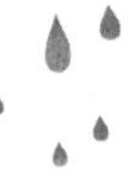

아담한 키에 여린 마음을 지닌 친구가 늘 맘 한곳에 자리하고 있었다. 부모님과도 친분 있게 지내던 그녀의 외할아버지께서는 '이생의원'이란 병원을 하고 계셨다. 서울에서 부모님을 따라 외할아버지가 계신 곳으로 전학을 온 친구는 나의 등하굣길엔 언제나 함께했다.

어느 날 친구에게 예기치 못한 일들이 일어났다. 교사인 어머니가 심장마비로 갑자기 돌아가셨다. 그 후 아버지마저 슬픔에서 벗어나지 못하고 긴 시간을 힘들게 보내셨다. 공주처럼 자란 맏딸인 그녀의 상처가 오죽했으랴.

어느 해였다. 동생들을 보살피느라 늦은 공부를 마친 친구가

핼쑥한 얼굴로 날 찾아왔다. 육사를 나온 중위와 결혼도 앞두고 있다는 소식과 함께 이야기를 나누고 있던 중인데, 마침 급한 산모 가족으로부터 왕진 전화를 받고 서둘러 밖으로 나왔다. 일을 마치고 늦은 시각에 집에 도착하고 보니 친구는 가고 없었다.

그 이듬해 우리 가족은 뉴욕으로 와 살게 되었다. 그 후론 누구에게도 친구 소식을 듣지 못했다. 따스하게 대해주지 못했던 당시를 떠올릴 때마다 애틋한 마음이 늘 내 맘 언저리에 체기처럼 자리하고 있었다.

누가 마음을 엿보는가. 우연치고는 참으로 꿈 같은 일이 현실로 다가왔다. 식당에서 고향 친구와 저녁 식사를 마치고 일어나 출구를 향해 나가려는데, 건너편에서 동료들과 식사를 하던 남자 한 분이 우리를 불러 세웠다.

"실례지만, 잠깐 드릴 말씀이 있습니다."

의아한 눈빛으로 그를 쳐다보자.

"두 분 이야기를 일부러 엿들으려고 한 건 아닙니다만, 제 친구인 박 장군 부인을 찾으시는 것 같아 말씀드리려고요."

"제 친구 애경이요?"

"네, 그렇습니다. 저희가 잘 알고 있습니다."

전혀 예상하지 못한 뜻밖의 소식에 나도 모르게 다가가 덥석 두 손을 잡았다.

"저희는 금산에 살고 있는데 이틀 전 고향 친구인 애경이 남편이 동창회 모임으로 잠시 금산에 다녀가면서 새 전화번호를 주고 갔습니다."

"이 번호로 전화하시면 만날 수 있습니다."

두 개의 전화번호를 적어서 나에게 공손히 내밀었다.

"마침 대전에 일이 있어 친구들과 다녀오는 길인데 곧바로 집으로 가려다가 잠시 식당에 들러 요기나 하고 가자고 하여 들어오게 됐습니다. 이런 귀한 소식을 전하게 될 줄은 정말 몰랐습니다."라며 환한 미소를 지었다.

"감사합니다. 정말 감사합니다."

설레는 맘으로 전화번호를 받아든 나는 연신 감사하다는 말만 되풀이하며 고마운 마음을 표했다.

참으로 간절히 염원하면 누군가 길을 열어준다고 했던가. 곧바로 동생 집으로 돌아와 지체 없이 애경에게 전화를 했다. 음성을 듣고서 단박에 알아보았다. 실로 오랜만에 가슴 따뜻한 친구와의 통화였다.

이튿날, 뉴욕으로 떠나기 위해 오전 통일호 열차를 타고 서울로 올라왔다. 12시에 팔레스 호텔 커피숍에서 애경과 만나기로 했다. 택시를 불러 타고 여유 있게 약속 장소에 미리 도착하여 창가에 자리를 잡고 앉았다. 나도 모르게 내 시선은 자꾸 입구 쪽으로 갔다. 기다린 지 5분 정도 지났을까, 단아한 모습의 애경이가 반가운 얼굴로 입구에서부터 나를 알아보고, "아이쿠! 이게 얼마 만이야!" 하고 밝게 다가왔다. 두 손을 맞잡고 믿기지 않는 얼굴로 서로를 쳐다보고 있었다. 나는 그녀와 마지막으로 만났을 때의 기억을 떠올리면서 나도 모르게 눈물이 핑 돌았다. "가끔씩 힘들 땐 활달하고 매사에 긍정적인 네가 생각이 나곤 했어!" 지난 삶의 편린들을 꺼내며 오뚝이처럼 굳게 살아온 그녀의 고백 같은 말을 듣자, 훈훈한 기운이 가슴을 메어왔다. 긴 시간이 흘렀건만, 외모만 조금 변했을 뿐 여전히 소녀 같은 여린 심성을 지닌 그녀. 오랫동안 서초동에 자신의 이름을 내건 한의원 원장으로 근무하고 있었다. 잘 성장한 두 아이들은 각자 제 길을 가고, 몇 해 전 장군으로 퇴역한 남편과 단 둘이서 살고 있다고 한다. 앞으로 한국에 나오게 되면 호텔에서 묵지 말고 우리 집에서 함께 지내자고 몇 번이고 다짐을 했다.

환자들을 대기시켜 놓고 잠시 틈을 타 나온 친구를 보내야 할 시간이 다가왔다. 애경은 자신이 만든 약이라고 하면서 흰 봉투에 담겨진 약병을 가방에서 꺼냈다. 금테 두른 투명한 병에 은박지로 싼 알약이 가득 담겨져 있다. '급체에 3알, 보통은 2알, 그리고 나 보고 싶을 땐 한 알'을 먹으라는 재치 있는 말까지 곁들이며 내게 약병을 건넸다.

친구와 작별인사를 하고 호텔로 돌아왔다. 공항으로 출발하기 전에 가져온 물품들을 하나하나 챙기면서, 친구가 준 핸드백 속 약봉지를 다시 꺼내보았다. 내복약이라고 쓰인 하얀 봉투 표면엔 2012년 9월 24일의 처방날짜와 함께 급체 3알, 보통 2알이라는 복용방법이 자필로 써 있다.

'보고 싶을 땐 한 알'이라는 애경이의 선한 미소가 떠올라 약 하나를 꺼내서 조심스럽게 은박지를 벗겼다. 박하 향내가 나는 갈색 한약을 입안에 넣고 오물오물 씹었다. 이 형용키 어려운 뭉클한 시간의 아픔은 무얼까. 쌉싸래한 쓴맛이 심연 깊은 곳에서 자맥질을 한다. 그리고 긴 시간 동안 허방에 매달고 있던 체기를 나는 가만히 쓸어내려 본다.

차 한 잔의 미덕

올케인 미영이의 아파트 거실 한쪽엔 아담하게 꾸민 다도실이 마련되어 있다. 집으로 허물없이 찾아오는 친구들이나 지인들에게 잘 우린 따끈한 녹차 한 잔씩을 정성으로 건넨다.

"차 한 잔 드시고 가세요."

집집마다 정겨운 이 한 마디가 만나는 사람마다 친근감과 함께 마음의 문을 열게 해 준다.

은은한 향과 정신을 맑게 해주는 녹차는 우리 조상들이 즐겨 마시던 고유 차에 대한 차 문화의 인식도 날로 새롭게 반영해가고 있다.

유치원생들에게 다기예절을 가르치고 있는 올케는 아이들이 생각보다는 흥미를 느끼며 잘 따른다고 한다. 정서적으로도 산만하던 아이들이 성격도 차분해지고 동료들과도 잘 협조하며 지낸다고 한다.

모든 사물을 꾸밈없이 받아들이는 학동기 이전의 유치원생들의 정서적인 차 예법 교육의 중요성을 올케는 재차 강조한다.

오후엔 난계 국악당 옆에 자리하고 있는 여성회관에서 '영동다례' 모임이 있어 다도회원인 올케를 따라 나섰다. 오랜만에 고향을 찾은 나를 기억하고 모두가 친절하고 반갑게 맞이해주었다.

김천에서 오신 한국 차인연합회 지정 다례원에 계신 오극자 선생님을 모시고 10명의 다도회원들이 둘러앉아 여러 종류의 차를 맛볼 기회를 가졌다. 앙증맞은 다기에 조금씩 따라서 다우들과 시음과 시향을 하는 기회를 가졌다.

각 찻잎마다 독특한 고유의 향과 혀끝에 와 닿는 맛도 찻잎이 지닌 성질에 따라 자신들의 특성을 잘 나타내고 있었다. 빛깔을 중요시하여 수증기로 찌는 일본 녹차와는 달리, 한국 차는 맛을 중요시하기 때문에 구수한 단맛을 이끌어낼 수 있는 덖음의 방법을 쓴다고 한다.

불교가 성행했던 고려 시대엔 불공을 위한 부처님 단상에 올릴 '말차'를 위해 임금님께서 손수 풀매를 돌리는 일이 흔했다고 전하는 이야기를 『화려했던 고려인의 차 생활』이란 다도에 관한 책에서 읽은 적이 있다.

특별한 손님을 위해 내게 말차抹茶를 선보인다고 한다. 넓은 사발 모양의 투박한 그릇에 눈길이 간다. 대나무 끝을 잘게 쪼개어 만든 솔(차선)을 준비하고 다완에 준비한 녹차가루를 넣어 김이 가신 끓인 물을 조금씩 부어가며 대나무로 만든 솔로 거품이 날 때까지 잘 젓는다. 엄지, 검지, 중지로 잡은 솔을 빠르게 반복하여 움직이자 녹색 포말이 그릇 가득 거품을 이룬다. 그릇 표면에 붙은 거품을 잘 정리하고 난 후 임금님께 올리는 진차進茶 의식을 하듯 두 손으로 공손히 내게 말차를 건넨다.

고려인의 지혜가 담긴 말차를 받쳐 들고 모두의 시선이 집중된 가운데 조금씩 말차의 맛에 빠져들다가 문득 뉴욕의 '스타벅스'에서 즐겨 마시던 '그린 티 라떼'와 똑같은 맛을 느끼며 다시 한 번 조상들의 앞서 간 차 문화를 깊이 생각해보는 시간을 가져 보는 뜻깊은 자리였다.

라마(llama)

2주 전부터 딸이 예약을 해둔 라마(llama)와의 산책을 하기로 한 날이다. 라마가 있는 오클랜드에 위치한 Redwood Regional Park로 가기 위해 아침 일찍 서둘러 딸과 사위를 따라 집을 나섰다. 샌프란시스코와 오클랜드를 이어주는 Bay Bridge를 지나 약속 장소에 10분 남짓 여유 있게 도착하고 보니, 우리들보다 먼저 와 기다리고 있던 마이클이 먼발치에서부터 알아보고 환한 미소를 띠며 다가왔다.

세 마리의 라마를 데리고 파크로 출장나온 마이클은 각자 짝이 된 라마를 우리들 앞에 세워두고 3시간 동안 함께할 라마의 성격과 습관, 그리고 먹이에 대해 상세한 설명을 한 후, 라마와의 첫 대면을 위한 인사법부터 소개했다.

두 손을 뒤로하고 얼굴을 라마 앞에 가까이 갖다 대자, '킁킁' 하고 코로 센 숨을 내쉰다. 이땐 상대와 교감을 갖겠다는 허락의 표시란다.

손으로 목 뒤 부위를 부드럽게 쓰다듬어주자, 좋아하는 표정이 역력하다. 그러나 화가 나면 긴 목을 위로 치켜들고, 상대에게 침까지 뱉는다고 하니 여간 조심스럽지가 않다. 듣고 보니 미묘한 인간의 심리상태와 별반 다를 것이 없는 동물이다.

세 개의 위로 나눠져 있는 반추동물인 라마는 식욕이 왕성하다. 틈만 나면 먹길 좋아하고 오물오물 되새김질을 하고 나면, 젤리 빈처럼 생긴 똥을 수북이 배설하지만 하나도 버릴 것 없이 잘 말리어 연료로 쓰인다고 한다.

남편과 나는 첫나들이 나온 세 살 된 '로라'와 짝이 됐다. 자주 낯가림 같은 몸짓을 하는 로라는 길게 솟은 두 귀와 유연한 목선이 눈길을 끈다. 옅은 갈색 얼굴과는 달리 몸체는 부드러운 흰 털로 덮여 있다. 완만한 몸매를 지탱해주는 가녀린 다리 아래로 두 개의 발가락이 생기다 만 기형을 보는 것만 같아 안타깝다.

라마 몰이에 경험이 있는 딸과 사위는 3년 전 라마 쇼에서 챔피언 자리까지 오른 '루크'와 짝이 됐다. 호흡이 잘 맞는지 두 내외가 여유롭게 성큼 우리를 앞질러 가고 있다.

남편과 나는 스틱처럼 생긴 영양 사료와 당근을 한 가득 봉지에 담아 들고, 다소 도도하게 구는 로라의 비위를 맞추느라 틈틈이 먹이고 목 부위를 쓰다듬으며 정성을 기울였다. 허지만 서툰 고삐 몰이가 불편한지 자주 맑고 청아한 울음소리를 냈다.

옴(Aum) 명상 소리와도 같은 라마의 울음소리. 입안에서 울리는 진동과 같은 떨림의 소리가 잠투정을 부리며 엄마를 찾는 아기의 울음소리와도 같아 나도 모르게 뭉클한 기운이 나를 감쌌다.

엄마의 분주한 일상으로 모유를 제시간에 수유받지 못한 어린 딸은, 배가 고파 늘 허기에 시달렸다. 입이 바싹 마를 정도로 배가 고파와도 우유병엔 입술조차 대지 않았다고 한다. 꾹 참고 있다가 엄마 음성이 밖에서부터 들려오면 그제야 참았던 울음보를 터트렸다. 온종일 지쳐서 '옴' 소리만 약하게 내며 엄마만 찾았다는 말을 듣고선 가슴이 메어질 것 같은 통증을 느끼곤 했었다.

라마는 동료들에게 경계심을 알려주거나 서로 간의 대화처럼 쓰이는 신호음으로 “옴~” 하고 길게 울음소리를 낸다고 한다.

높이 솟은 고목들 사이로 나 있는 울창한 숲길을 함께 걸으며 연인 이름 부르듯이 “로라” “로라”하고 고삐를 몰던 남편도 라마의 청아한 울음소리에 감복을 한다.

이틀 전에 찾았던 뮤어우즈(Muir Woods) 국립공원의 레드우드 숲(Red woods), 군락지에 와 있는 것 같은 착각마저 드는 산책길이다. 숲에서 내뿜는 묘한 향기들로 마음에 치유의 시간을 갖으며 오물오물 끊임없이 되새김질하는 라마 곁에서 내뱉지 못하고 수없이 되새김질만 해왔던 마음도 조용히 들여다보는 시간도 가졌다.

약속된 라마와의 하이킹코스가 거의 끝나가자, 뒤따라오며 부지런히 라마 똥을 비닐봉지에 주워 담던 마이클이 다가와 못내 아쉬운 듯 어깨를 감싸안으며 포옹을 한다.

내일이면 샌프란시스코에 사는 딸 집을 방문한 지도 열흘이 되어간다. 세 시간의 하이킹 몸값으로 87불을 지불하고 내 짝이 된 로라의 맑은 울음소리가 한동안 가슴속에 깊은 울림으로 남아 있으리라.

오금뜨개(친구)

"야! 비행기 똥 봐라!"

재빠르게 나는 비행 물체가 만들어낸 하얀 길을 보고 아이들은 비행기가 싸 놓은 똥이라고 떠들어댔다. 우리들의 유일한 놀이터인 학교 운동장 한가운데는 하늘 높이 거꾸로 들어와 박힌 푸른 바다가 머리 위에 술렁거리고, 편을 갈라 놀던 오자미놀이 고무줄 놀이에 코를 박던 순수가 꽃을 피우던 때.

시도 때도 없이 상공을 스치는 요란한 굉음에 화들짝 놀라 허둥대며 사방으로 흩어지던 아이들, 비행 물체가 토해낸 하얀 길을 따라 솜사탕처럼 삭아드는 허무가 꿈틀거리던 해묵은 기억

속에 키우지 못한 꿈의 오금뜨개가 살며시 고운 친구들을 불러낸다.

"친구야! 나 여기 있다. 시간에 길들인 남세스러운 허물 다 벗어버리고, 우리 만나자꾸나. 친구야, 나 여기 있다. 여기 그대로 있다."

서커스 KOOZA

다섯 살 무렵 아버지 손을 꼭 잡고 신이 나서 달려갔던 가설극장 입구엔 피에로 같은 어릿광대들이 나와 우스꽝스런 몸짓으로 우리들을 먼저 반겼다. 개천을 끼고 있는 넓은 자갈밭에선 해마다 서커스 공연이 펼쳐졌다. 서민들의 고된 삶과 애환을 기쁨으로 승화시켜주던 서커스는 암울했던 시절 유일한 볼거리였다.

지난 토요일, 딸 식구와 Randall's Island에서 펼쳐지는 서커스 Cirque de Soleil가 공연하는 Kooza쇼를 보러 갔다. 무대가 정면으로 보이는 티켓을 구입하여 Father's Day 선물로 히든카드처럼 내민 딸은 언젠가 들려줬던 나의 어릴 적 추억이 담긴 서커스 이야기도 한몫했지 싶다.

환상적이고도 경이로운 다양한 퍼포먼스가 30분 정도의 휴식 시간을 빼고는 관객들과 한 호흡이 되어 2시간 동안이나 펼쳐졌다. 옛적부터 빠짐없이 등장하는 어릿광대, 빠른 손놀림의 저글링묘기, 외줄 타기, 마술 그리고 가슴을 졸이던 '죽음의 바퀴'와 연체동물 같은 유연한 몸놀림과 아슬아슬한 몸짓 하나하나에 모두가 긴장을 하며 탄성이 저절로 흘러나왔다.

얼마나 혹독한 과정을 거쳤기에 저토록 완벽한 순간들을 재연해낼 수 있는 걸까. 아련한 슬픔마저 감돌았다.

일본 전통 팬티인 '훈도시'를 걸친 작은 체구의 동양인 한 명이 무대에 섰다. 방어막도 설치되지 않은 높은 허공에 나무의자를 하나하나 쌓아 올라갈 때마다 혼신의 고난도 묘기에 뚝뚝 직선으로 떨어지는 땀방울과 함께 애잔하게 들려오는 라이브 음악이 가슴을 파고들었다. 오직 영혼의 무게로만 최고의 권좌를 향해 오를 수 있다.

불가사의한 신비의 경지에 이른 곡예사들의 믿기 어려운 묘기를 보면서 문득, 수의 무한대를 서술한 「부목맹귀의 수」와 같은 확률이 떠올라 그들의 신비한 재주에 비교해 보았다.

바다 밑에 사는 눈먼 거북이가 백 년마다 한 번씩 바다 위로 떠오르면서 거북이 모가지 크기의 구멍이 있는 판자에 거북이 목이 걸리는 확률을 뜻하는 부목맹귀浮木盲龜의 수數.

목숨을 내건 허공에서 한 치의 실수도 용납되지 않는 칼날 같은 정신을 지닌 그들의 실존적 존재가 마음 깊이 박히는 귀중한 시간이었다. 어찌나 매순간마다 맘 졸이며 손뼉을 쳐댔던지, 두 손바닥이 오랫동안 얼얼했다.

쇼를 마치고 집으로 가는 길에 woodside에 있는 타이 식당에 들러 저녁 식사를 했다. 딸과 사위가 특별히 주문한 요리들을 먹으면서 서커스 공연 중 서로 인상에 남는 것을 한 가지씩 떠올려 보기로 했다.

경외감마저 들게 하는 최고의 걸작 kooza쇼, 화려한 무대의상과 조명 속에 꿈결처럼 펼쳐지던 곡예댄스와 재미있고 스릴 있는 공연은 다 제쳐두고 나는 오직 알몸에 '훈도시'만을 걸친 작고 여린 몸매의 동양인의 땀방울에 머문, 나의 시선들이 쉬 가시지 않았다.

우리도 매일처럼 반복되는 일상의 삶 속에서 죽음도 불사하는 곡예사들의 위험한 퍼포먼스 같은 삶을 펼치며 살다 가는 것은 아닐는지 모르겠다.

평론

관조적 세계관, 우화등선의 글쓰기

— 양정숙 수필집 『마음 밭에 뛰노는 빗소리』에 부쳐

김종회 | 문학평론가, 경희대 교수

1. 수필, 또는 양정숙의 수필

수필은 자기 스스로의 내면을 드러내는 고백적 글쓰기다. 시나 소설은 어떤 방식으로든 글쓴이와 작품 속의 화자(話者)가 구분되고 분리된다. 그것은 일반적 문학 장르들의 운명적 존재양식이다. 그러나 수필만은 다르다. 수필은 작가의 가슴속에 있는 생각을 민낯으로 문면에 싣는다. 그런 연유로 품고 있는 생각의 수준이 글의 품격에 직접적으로 영향을 미친다. 작가가 살아온 삶의 여정과 경륜, 그리고 이를 표현하는 역량이 함께 작용하여 수필의 값을 형성한다.

피천득의 「수필」에서는, 수필은 서른여섯 살 중년 고개를 넘어선 사람의 글이라고 했다. 이때의 서른여섯은 자연수 36이 아니다. 그 정도 중년의 연륜을 살아 세상살이에 대한 가치 판단과 대응력을 가진, 곧 인생의 희비를 알 만한 사람이 잘 쓸 수 있는 글이라는 뜻이다. 이러할 때 인생사의 가치는 크고 훌륭한 것을 말하지 않는다. 작고 소박하지만 견고하고 소중한 어떤 것, 거기에서 깊은 심정적 경도(傾倒)와 감동적인 발화법을 일구어내는 글쓰기의 방식을 말한다.

이 삽상한 가을날에 필자가 만난 수필가 양정숙의 글은, 수필의 존재양식을 잘 체현한 듯 산뜻하고 깔끔한 외형을 보이고 있었다. 그의 일상은 언제 어디서나 작품의 소재가 될 수 있는 개연성을 가지고 있었고, 이는 삶의 여러 곡절을 관조적으로 바라보는 열린 시각에서 말미암는 것이었다. 물론 보고 듣고 만질 수 있는 모든 것들이 소재가 된다고 해서 상찬할 일이 아니다. 그 다양 다기한 '객관적 상관물'들 가운데서 균형성과 객관성을 가진, 숨어 있는 의미의 질서를 추출하는 글쓰기의 감각이 살아 있었다는 것이다.

동시에 그의 수필은, 자칫 수필이 간과하거나 결여하기 쉬운 미덕, 사람과 사물에 대한 따뜻한 시선을 잘 갈무리하고 있었다. 풀 한 포기나 나무 한 그루, 호젓한 길목에 앉은 돌부처 하나에서 온기 있는 하나의 생각을 거두어들일 수 있다면, 그것으로 그 수필은 일정한 존재값을 가진다. 양정숙은 한글이라는 모국어에 익숙한 작가로서 미국의 이중언어와 이중문화를 감당해야 하는 일상적 체험, 가슴속에 묻어둔 고향과 가족의 이야기들을 욕심내지 않고 겸허하게 풀어내었다. 그러나 그 글의 행간 곳곳에는 자기 인생의 전면적인 의미망이 얽혀 있다. 그렇게 자전적이며 자기 성찰적인 기록이 양정숙의 수필이다.

2. 일상의 풍경, 삶의 균형성

우리의 일상을 구성하는 주변의 존재들 가운데 가장 많이 마음의 눈길이 가는 대상은 단연 사람이다. 양정숙의 경우 또한 예외가 아니다. 하지만 그의 눈은 사람 이외에도 살아 있는 동물이나 식물을 친근하게 응대하고 그들의 언어를 활유법으로 되살려내는 국량(局量)을 가졌다. 어느 눈 내린 겨울날 아침, 뒤뜰 소나무의 눈이 쌓인 가지 틈새로 새 한 마리가 날아왔다. 이 사소한 사건은 그의 심상에 범상한 일상으로 묻히지 않는다. 이 수필집의 서두를 여는 작품 「카디날 새」는 그 새에 연동된 인식의 회로를 다층적으로 운용하는 범례다.

이러한 글쓰기의 방식은 어떤 측면에서는 시공을 넘나드는 상상력의 힘으로 일상의 기적이요 기적의 일상을 창출한다. 예고 없이 문득 날아든 새 한 마리가 뒤뜰에 의연히 서 있는 소나무 한 그루가, 입을 열어 말하고 마음의 대화로 소통을 시도할 때 이미 기적은 시작된 것이다. 갑자기 식구가 된 고양이 새끼들, 대학 기숙사에서 집으로 온 토끼, 그림 속에만 머물지 않고 삶의 현장으로 진출한 해바라기, 여러 자리에서 여러 모습으로 만난 술 등이 모두 이 작가의 일상을 기적으로 추동하는 소재가 된다. 이렇게 많은 동료들을 품고 살아가는 작가의 가슴은, 그 교감과 대화를 글쓰기를 통해 토로하지 않고서는 포화(飽和)의 무게를 감당하기 어려울 터이다.

그런데 중요한 사실 하나는, 아직 한국적 정서에 익숙한 것이 그의 마음이라면, 몸을 두고 있는 곳은 모국어의 생산지와 8만 리 상거(相距)를 두고 있는 미국이라는 점이다. 당초에는 낯선 땅이었겠으나 지금은 그렇지 않을지도 모른다. 이국의 산하에서 살기 위해서는 스스로의 사유를 강작하여 그 산하를 사랑하지 않으면 안 된다고, 미국 서부 사막 땅에 사는 어느 작가가 필자에게 일러준 적이 있다. 양정숙이 영어권에서 모국어로 글을 쓰는 어려움을 감안하더라도 그의 이중문화 적응 능력은 비교적 수준급으로 읽힌다. 거기에는 가족과 친척의 다수가 함께 이주하여 이루고 있는 공동체적 유대가 큰 몫을 차지하는 듯하다.

나무도 서 있는 터를 옮기면 그 생장(生長)이 쉽지 않은데, 항차 사람이라면 더 말할 나위가 없다. 이주한 나무가 튼튼해지려면 토양으로부터 수급되는 영양분이 문제일 터이지만, 이주한 사람이 튼튼해지려면 그 문화 환경에 대응하는 삶의 균형성이 문제일 것이 분명하다. 함께 살아가는 사람들과의 인과관계를 소중히 하고 또 이를 글쓰기를 통해 의미화하는 이 작가의 수필은, 어쩌면 절박하면서도 활달한 생존 전략인지도 모른다. 생일을 맞은 어머니, 노란 머리 아들, 글과 그림을 그리는 호연 선생 등이 모두 '낯선 곳에서의 시작'을 부축하고 있으니, 이 작가의 행복한 일상은 강작된 것이 아닐 수도 있겠다.

> 자신에게 주어진 삶을 살다 보면 '자에도 모자랄 적이 있고 치에도 넉넉할 적이 있다.'는 속담이 마음에 와 닿을 때가 있다. 여러 민족이 어울려 사는 이곳 뉴욕에선 많은 이론과 논리가 있다 하더라도 실제로 삶을 꾸려 가는 데 있어 모든 게 순리대로 다 적용되는 것이 아님을 살면서 피부로 느낄 때가 종종 있다.
>
> -「낯선 곳에서의 시작」 중에서

'자'에서 모자람을 아는 것은 명철(明哲)이지만, '치'에서 넉넉함을 아는 것은 지혜가 아닐 수 없다. 이 두 가지 덕목은 작가로 하여금 인간으로서의 품위를 지키며 사는 일이 왜 어떻게 소중한지를 일깨워 주었을 것이다. 「가슴으로 울리는 북소리」에서, 언제부턴가 작가의 마음속에 자라고 있는 작은북 하나는 그 명철과 지혜로 삶의 균형성을 중재하는 의식의 표상이다.

3. 가족, 고향 그리고 사람들

생명의 태를 받은 부모, 그 생명의 태를 묻은 고향은 대체로 우리 인생의 길을 찾아가는 한 묶음의 동일 티켓이다. 작가의 고향 영동에는 여러 유형으로 부모와 외할머니의 기억이 서려 있고 특히 아버지의 추억이 강렬하다. 멀리 태평양을 건너가 살아야 하는 형편이기에 그 고향은 더욱 그립고 애틋하다. 경주에서 열린 펜 대회를 마치고 충북 영동의 고향에 들렀으면 2년 전의 일이다. 청정한 아침 공기가 달콤하고 가을 감들의 정취가 살가운 것은 일반적인 자연의 풍광이기 때문이 아니다.

> 용두봉에 올라 산 아래를 내려다보니 영동 시가지가 방사된 거미줄처럼 그려져 한눈에 들어온다. 저 어디엔가는 다섯 개구쟁이 남동생들과 어울려 놀던 유년의 시간들이 숨바꼭질하듯 아슴푸레한 기억들로 아른거린다.
>
> 곳곳의 가로수 감나무마다 배꼽 같은 시원(始原)을 달고 30년 공백의 정한(情恨)을 발갛게 그리움으로 물들여 놓았다.
>
> ―「영동에 가면」 중에서

어느 고향인들 고향이 아니랴마는 '30년 공백의 정한'을 안고 있는 고향은 여느 고향과 다르다. 그러한 까닭으로 작가는 현실적 삶의 터전인 뉴욕에서 끊임없이 '감나무가 있는 고향 집'이나 '황금빛으로 차오르던 고향의 서정'을 그리워한다. 그리고 거기에 시간을 거슬러 색안경과 중절모로 얼굴을 가리던 아버지, 어죽을 좋아하던 아버지가 함께 살아 있다. 이 모든 생각의 그림들은 작가에게 '마음 밭에 뛰노는 빗소리'의 다른 이름이기도 하다. 이렇게 맑고 고운 마음의 무늬들은 비단 과거의 시간 속에만 유폐되어 있는 것이 아니다. 그것은 각박한 현실의 삶을 선제적으로 제압할 수 있는 힘을 공여한다.

작가의 뉴욕 생활이 새로운 의지로 채워질 수 있는 힘의 근원은, 이 마음속의 보화에 잇대어져 있는 것으로 보인다. 마음속의 고향이 아름답지 않은데 사월의 센터럴 파크가 아름다울 턱이 없다. 풍경만 그러한 것이 아니라 사람 또한 그러하다. 오랜 세월의 공백을 뛰어넘어 만난 옛 친구 애경은 소화제를 건네면서 기막힌 복용법을 전해준다. '급체에 3알, 보통은 2알, 그리고 나 보고 싶을 땐 한 알'이라는 것이다. 이러한 유추의 방식은 일찍이 작가 전상국이 그의 첫 작품 「동행」에서, 담뱃갑을 건네며 남은 담배 개피의 숫자를 동원하여 삶의 연장을 권유하던 방식을 닮아 있다.

「차 한 잔의 미덕」에서 볼 수 있는 작은 기쁨이나 행복도, 이 작가가 가진 그처럼 풍성한 수원지의 연장선상에 놓일 것이다. 이렇게 충일한 자기 정체성은, 그 범주가 확장되고 강도가 깊어지면 극단적인 경우의 대응력을 생산할 수도 있다. 가장 작은 것이 가장 단단하다는 말과도 같다. 「서커스 KOOZA」의 곡예를 보고, 우리의 삶도 곡예사들의 위험한 퍼포먼스 같은 상황에 있는지 모르겠다고 인식하는 것은 그 한 사례에 해당한다. 바로 그 지점에 고백적 글쓰기로서 수필의 미덕이 있다. 부분은 전체와 통하고 작은 것은 큰 것과 통하는 깨우침의 문도(文道), 그래서 한국문학사의 큰 작가 황순원 선생은 '문학은 도를 닦는 그릇(文者求道之器也)'이라고 했다.

4. 마음의 심지, 관념의 확장

문학과 글 쓰는 이가 도를 구하고 닦는 그릇이라면, 먼저 그 마음의 심지가 문학하기에 알맞아야 할 것이다. 이 작가가 바위에게 길을 묻는 것은 언필칭 이에 합당한 국면이라 할 만하다. 세상이나 우주의 비의(秘義)를 몰각한 눈으로 보면 바위는 죽은 사물일 뿐이지만, 그것이 가진 압축적 함의와 천지간에 상통하는 상징성을 발굴해 놓고 보면 그보다 더 강고한 언사를 가진 객체도 없을 것이다.

> 내게 있어 바위는 마음속 화두와도 같다. 묵묵히 침묵으로 일관하는 바위 앞에 서면 왠지 자신도 모르게 경건해지는 마음을 감지할 수 있고, 때론 평온한 마음으로 대상과 감정이입이 되어 요지부동한 그들에게서 자화상 같은 자신의 내면을 엿보기도 한다.(중략)
>
> 나는 바위 앞에 서서 나의 이면의 본질을 들여다보고 있다. 광활한 우주와 대자연을 품고 언제나 넉넉한 품성으로 인간에게 묵언으로 조용히 다가서는 바위의 습성, 그들은 생명을 지닌 인간들의 이미지 속 해학이요 영혼의 의지처가 아닌지….
>
> —「바위에게 길을 묻다」 중에서

「타다 남은 초」나 「명상 중인 돌부처」 같은 작품을 보면, 작가는 돈독한 불자인 어머니의 영향 아래 불교적 세계관에 침윤해 있다. 조산원으로 일하던 동안의 꿈이나 신기(神氣)에 대한 기술을 보면, 그 정신세계의 진폭 또한 일상의 차원을 넘어갈 때가 느껴진다. 개업 조산원 시절 어느 지인이 선물한 액자의 '신수천심(神手天心)'은 직업윤리를 말하는 것이지만, 동시에 삶의 경건한 목적에 대한 예표이기도 하다. 이 대목이 무게를 더하여 '논픽션 같은 꿈'의 세계를 이루었다면, 이 작가의 수필이 관념적이고 철학적인 단계를 시도하지 않았을 리 없다.

「우화(羽化)를 꿈꾸는 문간방 비둘기」나 「우담화의 뒤를 이은 황금돼지」 그리고 「울음소리 그치고」와 같은 글들이 그와 같은 단계를 예비한다. 우담화는 인도에서 삼천 년에 한 번씩 꽃이 핀다는 상상 속의 식물이고, 우화등선(羽化登仙)은 몸에 날개가 돋아서 신선이 되어 하늘로 올라간다는 도교적 용어이다. 둘 다 일상적 현실을 일탈하고 인간의 정신이 지향할 수 있는 최고선의 형용과 가치를 상징한다. 이 작가는 글쓰기의 가장 마지막 단계에서 이러한 자기 초월적 꿈과 이상이 하나의 길이 되는 세계를 상정해 둔 셈이다.

이제까지 살펴본 양정숙의 수필들은, 평범한 일상으로부터 극적인 정신의 고양에까지 이르는 긴 여정을 그 가운데 포괄하고 있다. 일상과 일상으로부터의 초월이 하나의 행로 위에 있고, 그

양자 사이의 긴밀하고 긴장감 있는 소통은 작고 소박하지만 단단하고 가치 있는 글쓰기의 근본주의로부터 비롯되었다. 그것은 수필이라는 문학 형식이 향유할 수 있는 미학적 특성이기도 하다. 앞으로 그가 보다 집중적인 주제의식으로, 시(時)의 고금과 양(洋)의 동서가 상충하는 그 문화충격의 지점을 창의적으로 넘어서는 글쓰기를 계속했으면 한다. 그리하여 우리로 하여금 지속적으로 좋은 수필을 만나는 기쁨을 누리게 해주기를 기대한다.

양정숙 수필집

마음 밭에 뛰노는 빗소리

인쇄 2014년 11월 5일
발행 2014년 11월 10일

지은이 양정숙
발행인 서정환
펴낸곳 신아출판사
주소 전북 전주시 완산구 공북 1길 16
전화 (063) 275-4000 · 0484 · 6374
팩스 (063) 274-3131
이메일 sina321@hanmail.net shina2347@naver.com
출판등록 제465-1984-000004호
인쇄 · 제본 신아출판사

저작권자 ⓒ 2014, 양정숙
이 책의 저작권은 저자에게 있습니다. 서면에 의한 저자의 허락없이 내용의 일부를 인용하거나 발췌하는 것을 금합니다.
COPYRIGHT ⓒ 2014, by Yang Jungsook
All rights reserved including the rights of reproduction in whole or in part in any form.
저자와 협의, 인지는 생략합니다.
잘못된 책은 바꿔 드립니다.

ISBN 979-11-5605-147-3 03810
값 12,000원

이 도서의 국립중앙도서관 출판시도서목록(CIP)은 서지정보유통지원시스템 홈페이지(http://seoji.nl.go.kr)와 국가자료공동목록시스템(http://www.nl.go.kr/kolisnet)에서 이용하실 수 있습니다.
(CIP제어번호 : CIP2014031939)

Printed in KOREA